ヘリオセントリック占星術

松村 潔

説話社

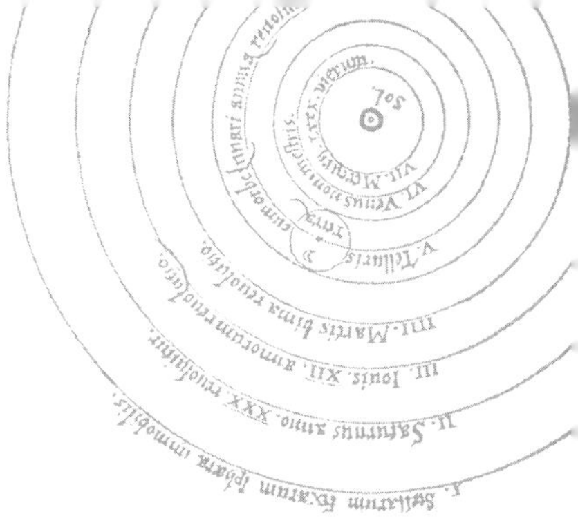

はじめに

「ヘリオセントリック占星術」は、地球は太陽の周囲を回っているという観点で、太陽から地球を見るという地動説の占星術です。

　これまで長く占星術は天動説でした。そのため、天文学的には正しく、しかし心理的には飛躍の激しいヘリオセントリック占星術に慣れている人はほとんどいないと思いますが、大きな利点がたくさんあります。

　2011年に私は「ミスティ」という雑誌で、ヘリオセントリック占星術の特集連載をしていますが、ここでは今後の時代に合わせた、アセンションの占星術だと宣言されています。自分で宣言したわけではありませんが、しかしそれはあまり大げさなことではないと思います。

　これから百年以上かけて人類は精神的ジャンプが起こると思います。これは「アセンション」といいます。この時に、肉体と感覚に閉じ込められたところで見える世界からはある程度自由になる必要があります。精神として発達するにはものに閉じ込められてはうまくいきません。

　従来の占星術は、人を肉体の中に閉じ込める傾向があります。ヘリオセントリック占星術は、太陽系の太陽を軸にして考えま

す。占星術で使われる太陽は、この真の太陽ではなく、地球のことを意味していますから、これまでの占星術には、太陽という概念は入っていないのです。

人間の創造力の根本を太陽に置くヘリオセントリック占星術は、人生を創造的に展開・発展させるために役立つでしょう。

例えば、従来の占星術は「ジオセントリック占星術」といいますが、このジオセントリック占星術での金星は、外部依存的です。物欲と、そして、人に期待する天体です。ヘリオセントリック占星術の金星は、自分で楽しみを見いだします。

小曽根秋男氏の「Stargazer」や「ソーラーファイアー」、インターネットの〈astro.com〉などのホロスコープ制作ソフトで、自分の金星を計算してみてください。ヘリオセントリック占星術とジオセントリック占星術では金星が全く違う位置にあると思いますが、それを確かめて、あらためてヘリオセントリック占星術の金星の性質の再発見をしてみるとよいでしょう。水星は仕事に使う惑星ですから、余計違いは気になります。

ジオセントリック占星術は環境の適応のためなので、そこには新しいことをこの地上でチャレンジするという作用は弱く、環境の従来の特性に染まってしまいますが、ヘリオセントリック占星術には、新規の楽しみがあります。

実は、ジオセントリック占星術ではなく、ヘリオセントリック占星術で初めて納得するという人は多数いて、今までジオセントリック占星術で、どうしてここまでフィットしないのか理解することができなかったという人が何人もいました。

　地を這う生き方ではなく、宇宙からやってきたという意識の強い人はほとんどの場合に、ジオセントリック占星術よりもヘリオセントリック占星術の方が合っていて、時期のタイミングもそのように動きます。もちろんジオセントリック占星術とヘリオセントリック占星術は出来事の起こるタイミングが違います。

　ヘリオセントリック占星術では、月がなくなります。これは、人間は本来月の意識で生きてはいけないという意味も込められています。月に同化するのは、人よりも犬に近い生存状態を意味しているのですが、現代では、これは「動物化した魂」という言葉で扱われていることもあります。

　犬になるより、犬を飼って可愛がる方が、双方にとって幸せです。月を無視するのでなく、対象化できたらもっとうまく活用できるでしょう。

　ただいずれにしても、ヘリオセントリック占星術は人間の基準を、これまでよりも、一つ次元を上げたところに持っていき、月が表すような個人的すぎる生活への埋没にはあまりフォーカスを当てていないのです。個人生活がなくなるのではなく、そこを取り上げないでそっとしておくということでもあります。
月に食われ続けないで、ある程度余裕のある意識で生きると、人間同士が互いに傷つけ合うことから抜け出す手がかりをも見つけ出せるでしょう。その意味では時代的に、今の私たちには早すぎる基準かもしれませんが、息苦しいエゴの砦から抜け出して、もっと未来のある人生を作るには、とても有効性の高い占星術だといえます。
これは従来の天動説のジオセントリック占星術を捨てようということを宣言しているわけではなく、むしろ、地上から見たもの、天から見たもの、この両方の視点を複眼的に持つとよいということです。
どんな時でも一方的なものの見方は、行き詰まりを作り出します。これまでのジオセントリック占星術は、ある段階で行き止まりになりますが、その先の突破口を、ヘリオセントリック占星術が作り出します。
既に説明しましたが、この視点を持ちつつ、明文化されていなかったために、不満を抱きつつ生きてきた人が多数いるのです。テレビや雑誌などで扱われている太陽サインは、人の可能性を開くよりも、人の可能性を封じてしまうことが多いのですが、ヘリオセントリック占星術では、この太陽サインが消えてしまう代わりに、全く反対側にある地球サインが出てきます。自分が生まれてきた理由ということを考えるならば、太陽が自己分割して、地球に生まれてきたコースを明確に表す、この地球サインのことを考えると有益です。

イメージでいうと、ジオセントリック占星術が旅のはじめから半分の部分まで受け持ち、残り半分はヘリオセントリック占星術が不足を補ってその先を続けるという印象があります。主観的な意識から脱するには、ヘリオセントリック占星術はおそらく不可欠な項目です。

本書１冊ではなかなか詳しいところまでは触れることができませんが、まずはさわりとして読んでいただくとよいのではないでしょうか。

できればジオセントリック占星術とヘリオセントリック占星術の比較をしながら並行して分析をする本を書いてみたいところです。

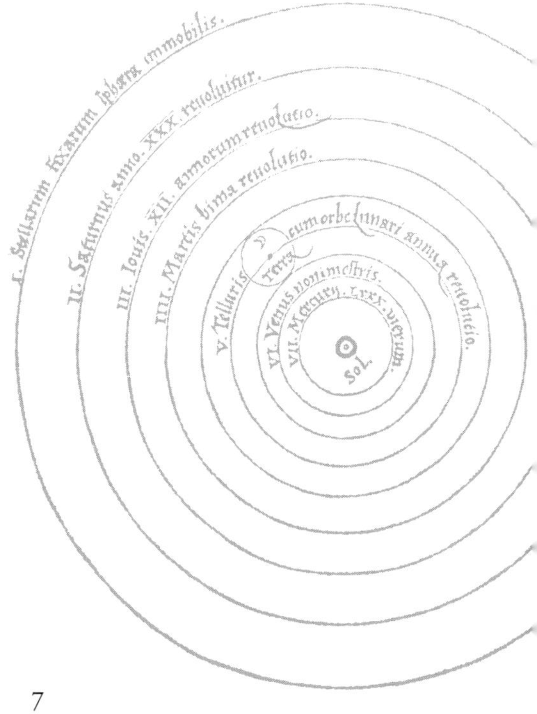

Contents

I

ヘリオセントリック占星術とは

1 ヘリオセントリック占星術とジオセントリック占星術の違い

太陽中心の占星術がヘリオセントリック
従来の占星術がジオセントリック

本書は今後の時代には役立つであろう、新しい形式の占星術について書いています。これを「ヘリオセントリック占星術」といいます。従来の占星術は、地球から見た惑星の位置を記入したホロスコープを使いますから、「ジオセントリック占星術」といいますが、ヘリオセントリック占星術は、太陽から見た惑星の位置を使ってホロスコープを作成します。

もともと現代では、地球は太陽の周りを回っていることは常識的に知られているので、天体配置を考える時には、太陽中心のヘリオセントリックを使うのが当たり前に見えますが、種々の事情で占星術は天動説を採用していました。

天動説の占星術から、地動説の占星術に組み替えることで、いったい何が違ってくるのでしょうか。

これまで私たちが使ってきた占星術は、個人が生まれた時の場所から見て惑星とか天体がどのような配置になっているかを考えるものでした。

なぜなら、占星術は個人中心主義の視点で、性格とか今後の人生とか、世界との関わり方を考えるものだったからです。どのような情報も「その個人から見てどうなのか」ということが一番大切だったのです。

この場合、個人が生まれた場所や生まれた時間まで計算するので、「地球から見た」というよりも、まさに「個人の肉体から見た」という宇宙像になるのです。

ここで最も大切なのは、個人の物質的な存在性ですが、この視点をまさに宇宙の中心に見立てることで、自己中心の可能性を広げていこうということを援助してきました。

自分にはどんな才能があるか
自分はどういう性格か
自分には今後どのような発展があるのか

ジオセントリック占星術は、個人を中心にしたところでの展開力を援護してきたのです。

しかしここには大きな欠陥もあるのはいうまでもありません。

純粋に個人が自分の肉体から世界を見た視点を重視すると、自分個人が受け取った印象だけにこだわる姿勢が生まれてきます。このやり方を続けると、自分の視点に縛られて他のことは決して理解しないというような生き方が続くことになります。

これは他人の考えを理解することさえできにくいということになります。

そもそも個人は、自分の肉体の場所を中心にものを見たり考えたりしていない面もたくさんあります。中世の教会は天動説を唱えましたが、これは当時の科学ではそれが限界だったというわけではありません。ずっと前から、もう天動説は知られていたのです。つまり教会の思想上の問題として、教会は天動説を固辞していたのです。それは、世界の中心にはキリストとその代理人の教会があり、太陽でさえその周りを回るという考えだったのです。

これまでの地球を中心に見る占星術は、まるでこの中世の教会のような見方だといえるので、ヘリオセントリック占星術の著作“The Sun at the Center”（Llewellyn）を持つPhillip Sedgwickは、これまでの占星術を「中世の淀んだ空気の中に生きている世界観」と述べています。

確かに長い間、この従来のジオセントリック占星術に馴染んでいると、個人の狭苦しいエゴに閉じ込められる傾向が出てきます。これは月を考慮に入れることでさらに強まります。

自分のものの見方にとらわれ、どこにも脱出口がないような生き方に染まっていく傾向があります。

占星術を参考にしない通常の生き方に比較すると、それでもまだ世界観はずいぶんと広くなりますが、しかしやはり限界というものがあります。

2 自己の中心を肉体に置かない

大日如来の意識から生まれた人間 肉体と意識は同一の場所には存在しない

太陽から見た天体図を描くヘリオセントリック占星術の場合には、これまでの占星術とどのような違いが出てくるのでしょうか。

太陽から見た図では、当然のように、円の中心には太陽があります。仏教の曼荼羅《まんだら》のようなものだと考えてもよいかもしれませんが、まず、人間を仏教ならば大日如来《だいにちにょらい》である太陽の意識から始まる存在とみなします。ということは、私たちは自分の肉体を自分の場所と同一視するわけではないことになります。

イメージとして説明すると、私たちの非物質的な意識は、まずは太陽系の中心の太陽にあり、そこから釣り糸を垂れるようにして、地球の中に肉体を作り、この肉体の持つ感覚組織がセンサーになって地球環境での情報を採取し、その情報が太陽に持ち込まれ、また太陽から力がチャージされていくという図式です。

中心を太陽に置くということは、同時に他の惑星にも均等に、地球上と同じように釣り糸を垂れていて、その先に生物がいると考えても不思議ではありません。

これまでの地球中心主義の占星術では、この地球上の「私」がいる場所が唯一無二のものとみなされましたが、太陽を中心にすると、太陽から地球へ触手が伸びているのと同じように、他の惑星にも触手が伸びている構造を想像しないわけにはいかなくなります。といっても、それでは惑星の各所にも地球と同じように人類がいるのか、ということを指すのではありません。

実はこの太陽は、これまで占星術で使われていた太陽とは全く性質が違います。太陽は太陽系の中心に存在しています。これは太陽系のコマの軸のような位置に太陽が存在していることを表しています。

もっと大きな宇宙から見ると、太陽は円回転をしているかもしれません。しかし、少なくとも太陽系の中では太陽は動かないので、それは無の状態を表していて、そこに性格や特徴を当てはめることは不可能です。

何か色づけがあっても、太陽系の内部では、それは見えてこないのです。何か特徴やカラーは、限定された領域を、より広い限定されないところから見た時にのみわかることです。太陽系の中では太陽は対象化できず、それは無そのものです。

私たちは意識しないうちに無色透明の太陽を地球色で見ている

太陽は太陽系の外とつないでいます。つまり、太陽は太陽系の中と太陽系の外の間をつなぐ扉のような作用を持っています。これは太陽系の外にとって太陽は月であり、太陽系の内部にとって太陽であるという意味で、「太陽は上に向かって月であり、下に向かって太陽である」ということになるのです。

太陽系においては太陽がまず中心です。そこから惑星へと細かく細分化されていきます。

私たちは毎日太陽を見ています。これは１年に１回転します。ところが、回転しているのは地球です。太陽は動かないのです。しかし動いている地球の上に住んでいる私たちは、あたかも太陽が動いているかのように錯覚します。

年寄りになると「年の経つのが早い」といいます。しかし、年が経つのは早くなっていません。早く感じるのは自分だからです。自分が変化しているのに、年の動きのせいにする。こういうのと同じで、自分が動いているのに、太陽が動いているように感じるのです。

これは自分の目の前にガラスがあり、そこに模様があるとその向こうにいる人はみな、その模様のついた人に見える現象といえます。これをW・E・バトラーという人は「ステンドグラス効果」と呼んでいました。私たちは無色透明の太陽を地球色に染めて見ているのです。

例えば、占星術では太陽サインというのがあります。太陽はこの太陽系の中で唯一無の状態です。しかし、サインを通してみることで、あたかも太陽には性格があるかのように思えてきます。

太陽には性格とかカラーは存在しません。サインは太陽の通り道である黄道を30度ずつ区分したものですから、12サイン全部を合わせて、それぞれのサインの性質を帳消しにした場合には、太陽を推理することに少しだけ役立つかもしれません。しかし、この中で12分の１に限定してしまうと、それは地球の見方を太陽に押しつけたということになります。

おかしなたとえですが、猫は人を猫の一種と考えていて、決して人間とは認めていないかもしれません。だから、何かのお礼に、死にかけた虫をさりげなくプレゼントしてくれたりします。

ヘリオセントリック占星術の太陽は本来の太陽であり、それに比較して、ジオセントリック占星術の太陽は地球の一種で、ジオセントリック占星術であるかぎり、その壁を永遠に超えることはできません。

3 ジオセントリック占星術の限界点

地を這うような視点で作られた ジオセントリック占星術は進化の壁を超えられない

太陽を中心にしたヘリオセントリック占星術を活用することで、私たちは個人の肉体を中心にして見る狭い世界から解放されていきます。

ものの見方がそのように変わっていきます。

特に、今現在移動しているヘリオセントリック天体のトランシットが、ヘリオセントリック占星術の出生図にどう関わるかを見ることで、この生き方の違いがはっきりしてきます。ジオセントリック占星術とは明らかにタイミングが違うのです。

宇宙の法則の一つに、「無は自分を分割して、下に降りることができる。しかし、下にある有限のものは自ら、上に上がることはできない」というのがあります。限定されているものは、自ら限定されていない領域を理解することはできないのです。それは当たり前の話です。この時に、上の次元にあるものが、下に降りることで、ショックをかけます。そのことで、はじめて下にあるものは上に上がることができるという原理が働きます。

これを占星術に当てはめると、地を這うような視点から作られたジオセントリック占星術には、認識において何かしら限界がある。太陽を地球のように見ているということもその表れです。太陽サインをどこまで追及しても、地球の視点の延長であり、太陽そのものの意識には到達しないのです。

地球の周りに太陽とか惑星を12サインに色づけするような12色に彩色された半透明のガラス玉があり、このガラス玉から外に出たことはないということになります。この場合、太陽から地球に向かった視点、つまり無が自己分割して、下に降りてくるという視点をぶつけることで、地から天に上がるジオセントリック占星術の限界点を突破できるのです。

下にあるものは自分では上に上がることはできませんが、上にある絶対のものや唯一のものは、自己を分割して降りることができるのです。そして、下にあるものの限界を突破させるという法則は、古来からのキリスト教や仏教では「救済思想」として知られています。

7音階でいうと、シは次のドの音に上がることはできない。しかし、ドはシに降りることができるという考え方です。

4 ヘリオセントリック占星術が求められる理由

東日本大震災に見る「強烈な春」の到来 地球規模のズレを矯正させる力が働く

私は2011年のお正月に、1年の目標を立てる講座をしました。毎年、このようなことをします。

山に上がり、また降りてくるというナレーションをバイノーラルビート信号に加えて制作し、それを聴きながら、探索してもらうというものでした。その後ホロスコープと照合します。

私もこの講座の中で、参加者と一緒にビジョンを見ました。

私の場合、この年のメインの計画は、上の次元にあるものを下に降ろす通路を作るというものでした。下に降りてくると、下界は春で、華やいでいました。桜も見えましたが、これは永井荷風の描く桜のようでした。

ジオセントリック占星術では、天王星は3月12日に牡羊座に入りました。牡羊座は春分点のため、天王星周期の84年ぶりの春というわけです。毎年来る春よりもはるかに深く強烈です。とりわけ山羊座の冥王星と牡羊座の天王星はスクエアになりますから、1930年代の動乱の再来のようなサイクルでもあります。上空にあるものはそれを華やいだとみなすのです。そして、3月11日に東日本大震災が発生しました。

これは私には上にあるものが下に降りるためのゆすぶりというふうにも見えます。理由は、宇宙的な環境は、銀河、太陽系、惑星、大陸、国、地域、集団、個人というふうに連鎖して、それらが同期して成り立ちます。

大から小まで、似た構造が続くのです。それを「雛形」や「相似象」といいます。しかしこの同期がスムーズでない時もあり、それは上にあるものと下にあるものが、軸ズレを起こしているケースです。下にあるものは、この結果、孤立して取り残されます。

このように何か歪《ゆが》みがある時は、それはいずれは歪《ひず》みの蓄積となって問題が大きくなりますから、個人ならば整体をします。

また、誰でも春先に、身体の組成が微妙に変わります。

地球の場合には、惑星グリッドとしての地球のレイラインやエネルギーの流れと、陸地の関係を回復させようとして、大きなサイクルで磁極が移動したり、陸地が動いたりします。そうすると、大から小へ流れ込んでくる力が滞っていた場所が開通し、上にあるものは下に降りることができるということになります。

歳差活動は2万6000年くらいですが、このくらい大きなサイクルのものもあれば、それを星座ごとに分割した2200年単位、もちろん惑星の公転周期、さらには毎年、毎月、毎日というふうに細かいサイクルもあります。これらがすべて同期を取るのが理想的です。

火のサインである牡羊座が上位の力を下に降ろす

ヘリオセントリック占星術では、天王星は2010年の11月に牡羊座に入りました。牡羊座は火のサインで、それは水のサインの後にやってきます。火のサインになると、数え度数の2度、すなわち1.00度から1.99度までの範囲で、強いゆすぶりの力が働きます。そもそも火はそうした興奮性質そのものです。

火の興奮性質とは、火の力が土を耕すという意味です。牡羊座では身震いする失笑が起こり、獅子座では集団ヒステリーのように興奮が広がり、射手座では祭りのどよめきのようなものが起こります。

2011年の3月はこの2度領域の期間でもあるのです。

牡羊座の春のスタートで、土地をゆすぶりながら上位の力が降りてくるのかもしれません。伏見稲荷大社《ふしみいなりたいしゃ》の縁起では、初午《はつうま》に、山から宇迦之御魂大神《うかのみたまのおおかみ》が降りてきます。これが年の始まりですが、旧暦での初午は今では3月の半ばくらいでしょう。

このように考えてみると、上にあるものを下に降ろすというのは、私個人の目標というよりも、もっと集団的目標のようです。この場合、上にあるものが下に降りることのできないズレがあると、そこをゆすぶりながら、調整が始まると考えてもよいのです。そうやって大きな春が始まるのです。

下にあるもので閉鎖的になって孤立した体系に、上にあるものが「自己分割しながら」下に降りてショックをかける。それはたいてい下にあるものからすると、意に反するものや予想外のもの、ときには驚きをもたらすものです。なぜなら、下にあるものは、そこで孤立して完成されたシステムを作ってしまったからです。

日本では日本独自の携帯電話が発達した。それは世界では通用しません。これを「ガラパゴス携帯」と呼び、略して「ガラケー」といっていた時期がありました。つまり、そのようなものです。日本は海に囲まれていますから、そのようによく孤立するのです。

上と下を調整して同期を取る

これを占星術分野でするならば、ジオセントリック占星術とすり合わせながら、ヘリオセントリック占星術を割り込ませることでしょう。

まさにヘリオセントリック占星術は、「地球から太陽へ」という下位にあるものが上に上がろうとして、12分の1の狭い視点にひっかかって、身動き取れなくなった状況に対して、「太陽から惑星へ」という上位から下位への流れをぶつけることだからです。

太陽にあるものが地球に降りること
ヘリオセントリックの風でエゴを解き放つ

「上にあるものが下に降りる」というのが大きなテーマであるならば、私は、2011年はヘリオセントリック占星術を書いてみようと思いました。

実は、しばらくはこのことに気がつきませんでした。

しかしある日、上にあるものを下に降ろすというのは、実に単純な話、太陽から地球へという流れを持つヘリオセントリック占星術をすればよいのだと気がつきました。

ジオセントリック占星術という一方通行性で、なおかつ「中世の淀んだ空気に満たされた」エゴに閉じ込められた体系に、より大きな風を入れるには、ヘリオセントリック占星術が一番適しています。

しかし、ヘリオセントリック占星術のみを重視して、従来のジオセントリック占星術を排斥するよりも、この両方を比較して、ハイブリッドにしてみる方がはるかに面白そうなのでそのような発想で取り組むことにしました。

人によって、この地から天へという視点と、天から地へという視点のどちらかが強く働いたりします。

「適応のためのライフスタイル」と
「創造のためのライフスタイル」

個人的な体験として一番印象深かったのは、数年前に、私のジオセントリック占星術の水星・牡羊座のはじめの頃にあるものに、トランシットの冥王星がスクエアになった時でした。神経に対する圧迫が酷すぎて、何度か自分の脳が壊れるかと思いました。その圧力が１～２ヵ月続いた後で、急に突破してしまいました。何か新しい鉱脈をこじ開けたような感じです。

ヘリオセントリック占星術では、私の水星は乙女座のはじめの頃にあり、トランシットの冥王星はこれに対して120度になったのです。これはジオセントリック占星術では、90度の冥王星の意味の通り、従来の脳の使い方のスイッチを切って、これまで裏にあったものを表に引き出すという切り替えが起きたのですが、すぐさまヘリオセントリック占星術の流れが始まり、ヘリオセントリック占星術の流れが急速にスムーズになったということです。

朝起きると、大量にダウンロードしているという体験を頻繁にするようになったのは、この頃からです。

閉鎖されていない生き方をしている人の場合、あらかじめジオセントリック占星術とヘリオセントリック占星術の流れが両方働いていることも多く、私は前者を「適応のためのライフスタイル」、後者を「創造のためのライフスタイル」と呼んでいます。

この二つは多少姿勢が違うのです。

私の水星の例でいうと、地上的には、私の水星は牡羊座の初期で、どこから聞いてきたかわからないような新しいことをいつも打ち出すという意味です。どこの本にも掲載されていないような内容を書くのは得意分野です。

しかし、天から地へというヘリオセントリック占星術の視点では、私の水星は乙女座で、私個人としては、新しいことを考えようというよりも、事務員のように毎日規則的に書くということに主眼が置かれています。

知識が非常に重要なのですが、そのソースは、地上の書物から得られるものが大変に少ないのです。

ヘリオセントリック占星術の視点とは、たとえ乙女座といってもデータは太陽系全体から取り込まれるものだからです。ジオセントリック占星術の乙女座は地上で素材を集めます。しかし、ヘリオセントリック占星術では、勤め人といっても、地上の会社に勤めているわけではないのです。

Ⅱ

ヘリオセントリック占星術を知るために必要な基礎知識

1 宇宙の次元連鎖

占星術においては意識の法則が重要 天体に張りついた生命の集団意識を読む

すべての生命は太陽を目指して伸びていこうとしますが、ジオセントリック占星術では太陽を目指すのではなく、太陽サインを目指しています。それは見当外れの方向に走ることです。地球が投影した影絵に向かって走っているようなものです。

太陽、惑星、月などの役割を比較するために、古い時代の宇宙的な階層の発想をここで考えてみることにします。

どんな本にもといえるくらい、私はしつこくこの基準を出していますので、川柳川柳のように一つのネタしか披露しない噺家みたいですが、ヘリオセントリック占星術のベースとなるので我慢して読んでください。

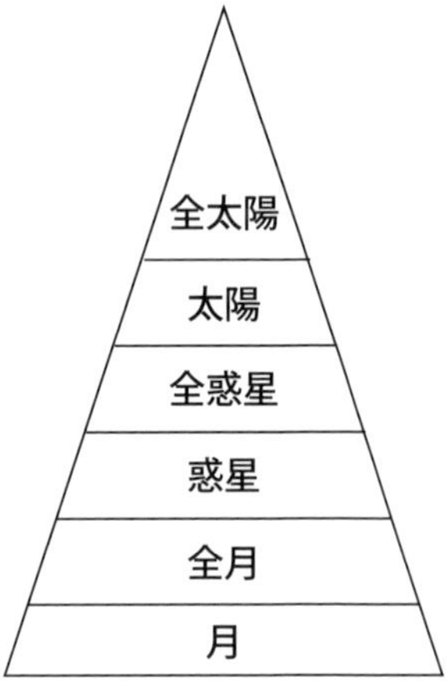

宇宙は右のような階層構造を持っていると考えます。天文学が発達していない時代の、しかも神学的な思想です。

もともと占星術は、人間の意識の働きと惑星が連動するのだということを元にして考えられたものですから、物理学的な見方を基礎にした純粋な天文学は、この占星術のロジックを説明することができません。

流動的な生命の集団意識があり、これがさまざまな天体に移り住むことで、この集団意識の構造がその内部にいる個々に影響を与える。これが占星術で示すもので、純粋に天文学が探索しているものとは目指すものが違うと考えるとよいでしょう。天文学は天体そのものを研究しています。占星術は天体そのものに関心はなく、この天体に張りついた生命の集団意識の動きを見ているのです。

人間の意識が階層づけられている場合には、それに関連した形で天体の階層が生まれてきます。

あるいは、まずイデアとして何か法則があり、これが人にも天体にも投影されると考えてもよいでしょう。

この宇宙的な連鎖は古代の理論です。

音楽では、よく七つの音律が使われています。一つの大きな音が七つの音に分岐したという考え方です。七つの音をまとめて一つのオクターヴとみなしますが、これをより大きな範囲では、一つの音とみなすのです。

プリズムも一つの光が七つに分かれたという構造を持っています。つまり、一つの音は、その下の次元では七つに分かれるということです。ですから、太陽は七つの惑星に分かれて、太陽よりも一つ下の次元を作っていきます。これが全惑星です。この段階で、もともとの一つの光と七つの光あるいは音の総合は一段次元が違っています。

この七つの中の一つの音が地球という惑星です。この法則は下に模写されます。ということは、惑星はその下の次元に七つの月を持っているということになります。

実際には地球は一つの月しか持っていません。他の惑星であれば、たくさんの月を持っているケースもあります。実際に、惑星は七つ以上あり、また他の惑星では月もたくさんあるので、七つというリズムは成り立たないのではないかと思う人も多いと思いますが、これはたくさんある中で任意に七つ選び、それに沿って、私たちの意識が働くということを表します。

そのため、惑星は大量にあっても困らないし、月もたくさんあっても、混乱はしません。むしろたくさんある方が選びやすいともいえます。しかし、足りない場合には任意に七つをマッピングできないので困ります。

意識の法則が重要であり、天文学的な真実が重要だということではないので、惑星が一つ発見されるとそれをすぐに占星術に組み込もうとする場合がありますが、それは正しい姿勢ではありません。占星術は意識を扱うものであり、天文学ではないのです。

意識の法則は七つであり、半音に分解すると12ですから、惑星は七つ、もっと多くなるのなら12個にするのがよいのです。

2 太陽意識と惑星の関連性

太陽意識が割れて惑星になる
割れた惑星を集めても太陽とはならない

複数の惑星は一つの太陽の周りを回っていますが、これは、太陽を１枚の皿と考えた時に、それが割れてしまい、その一つひとつが惑星になったと考えることができます。なぜ、このような発想をするかというと、宇宙は分割不可能な絶対の一なる原理が分割されて、より下の次元、より具体的な宇宙ができたと考えるからです。太陽系もその構造を模写していると考えるのです。

太陽は太陽系というコスモスにおいては一なるものであり、その力が分割されて七つになると、それは七つの惑星になったとみなします。太陽よりも上位にある、より大きな宇宙においては、太陽は一なるものではありません。それは限定された部分的なものです。しかし宇宙は階層化されているので、この一つの階層の中では、太陽は絶対の一なるものです。

惑星を全部集めると全惑星になります。全惑星は太陽にとっては質量という意味になります。本質はエンジンで、質量は車体のようなものです。つまり、全惑星は太陽にぶら下がっているということになります。この場合、太陽の力が弱い時には、全惑星の負担に耐えきれず推進力はだんだん弱まってきます。つまり、軽自動車のエンジンで大型の車を動かすようなものだと考えてみるとよいでしょう。

古代エジプトの神話でオリシスは体をバラバラにされました。イシスはそれをつなぎ合わせようとします。一つの階層の部品を全部集めると次の次元に上がる、あるいは復元できるというルールが存在しているのです。しかし、オシリスの身体の部位が一つ足りませんでした。

日本の怪談でも播州皿屋敷のお菊さんは「皿が１枚足りない」といいます。惑星を全部集めても、太陽に匹敵しないのです。割れてしまえば、もう完全には元を修復できないのです。

数字の0.99999999……は１に似ていますが、１そのものではありません。下から統合化したものは果てしなく0.99999……になるが、１にはならない。しかし全惑星は太陽に近づき、太陽の近似値になることを表します。

全惑星は太陽になりたいのですが、しかし太陽になることはできないのです。

ヘリオセントリック占星術は太陽系の意識を大きな自己とみなす

ヘリオセントリック占星術は、すべての視点の中心を太陽系の中では唯一の０の状態である太陽に置いているということです。これは極めて高い次元のところから、世界を見るという視点を与えます。

ジオセントリック占星術では、地球をゼロポイントにして、そこから宇宙を見ていくのですが、自分の視点を意識することはできませんから、その代わりに１年間で黄道を１回転する太陽を地球の身代わりにします。

私たちが占星術で太陽と考えているものの中に、太陽の本質を表している部分はそう多くありません。ジオセントリック占星術は、太陽を地球レベルに引きずり落としています。地球から見るとすべては地球色に染まるのです。

ヘリオセントリック占星術は、まず太陽系の絶対の意識を大きな自己である「エルダー・セルフ」とみなし、ここから全惑星を見ています。

そして全惑星は、惑星同士がさまざまな角度を作り、万華鏡のように惑星模様が変わりますから、それは全惑星意識の中に表れる「模様の内部変化」であると考えます。ここで次元を一つ落として、惑星一つひとつにフォーカスすると、私たちの視点は、全惑星意識から惑星意識へと転落あるいは集中化します。

まずは全惑星意識が中心であり、この中で惑星とか地球があるのだと認識するべきでしょう。さらに、全惑星はもともと太陽の分割なのだということです。太陽は太陽系の中で動きを作り出したかった。そこで自分を割って陰陽のマダラを作り、動きを作ったと考えるのです。

天文学で考えるとこんな馬鹿な話はありません。占星術は天体の動きを借りているが、天文学ではありません。

昔の日本で、例えば、天照大神《あまてらすおおみかみ》は、倭姫《やまとひめ》に乗って、それを御杖代《みつえしろ》にしました。それと同じように、占星術が示す真意の部分は、天体を御杖代にして乗っていて、天文学や惑星の構造そのものが探求テーマとはなっていないのです。

3 コートカードとの関係性

タロットのコートカードは
四つの意識の階層を表す

少し余談ですが、ここで、タロットカードの小アルカナのコートカードと結びつけてみます。

この４種類の人物というのは伝統的な考えであり、決してキャラクター分けではありません。意識の発達段階そのものです。

Ｇ・Ｉ・グルジェフの「意識の発達段階を示すために使われる水素という定義」式にいうと、高次な思考Ｈ６、高次な感情H12、専門家的さとりH24、普通の人H48の区分で、王、王妃、騎士、小姓という割り当てができます。

通常の地球的な水準の知性はH48で、タロットでは小姓です。それは徒歩で歩いている姿です。これを占星術的に当てはめると以下のようになります。

全太陽	王	H6
太陽	王妃	H12
全惑星	騎士	H24
惑星	小姓	H48

しかし、これでは月が足りません。そのため、『ロード・オブ・ザ・リング』などの当てはめを応用することになります。

月	ゴラム	H96

もともとゴラムは、ホビット（徒歩の）H48だったのですが、そこから転落してH96の月の位置に落ちたのです。この月は、犬、または芥川龍之介の『蜘蛛の糸』に出てくるカンダタです。

この転落というのは、自分の感情にこだわり、それに占有されて他を理解しないという意味です。

頂点にある王をどうして太陽にしないのかというと、この四つの区分というカーストにも似た階層づけは、まだ私たちが太陽系基準に閉鎖されていない時代に考えられた体系だからです。

例えば、古代韓国では天球図を元にして社会を作りました。ここでは王は北極星に対応します。北極星は種々の恒星の中で親玉的な位置にあります。中国でも秦の始皇帝は北極星であるとか、日本でも秦河勝《はたのかわかつ》は北極星であるといわれていました。もののたとえにすぎませんが、しかし、これは恒星と共鳴した意識とみなしてもよいのです。

その後、ある時代から、私たちは人間の基準が一つ下にズレました。これを「分割魂《ぶんかつこん》」といいます。つまり原液を薄めた飲み物のようなものです。

それまでならば決して人間とはみなさないような生存状態にある存在を、今日は人間とみなします。その場合、かつての人間のように壮大なビジョンは持たず、ごくごく個人的な小さな楽しみの中で生きるのです。

例えば、救いとは、お休みの日に旅館に行って温泉に入りおいしい料理を食べるとか、会社に入れたとか、ささやかな楽しみに希望を見いだすようなもので、目に入るビジョンそのものが、ひどく小さいのです。

現代では、個人に許される権利というのはそんなに大きなものではありません。すべての人が小市民だし、そのことにいっぱいいっぱいです。

人間の本来の基準を全惑星レベル、タロットでいうと騎士に置くとよいでしょう。今日の一個人の基準は小姓ですが、これは騎士のアシスタントで、自分で決定権を持てません。考えは次々と変わります。

占星術はある時代に次元の基準を一つ引き下げたのです。それはかつての神話的な世界に生きていた人はもういなくなり、後は３次元的な細部に楽しみを見出す分割魂の人々が支配権を握るようになったから、その基準に合わせて改変されたのです。

小姓のタロットに対応する惑星をここで「準人間」とします。騎士のカードに対応する全惑星意識を「本来の人間」とします。正常な人間の基準値を前提に考えると、どう違うのでしょうか。

4 惑星意識

惑星意識は他の惑星意識と対立する
閉じ込もると世界は狭まる

ホロスコープは人生の変化を表現していると考えてみます。この世で、いろいろな人がいろいろな惑星を象徴しているとします。

学校の先生を水星とします。

女性を金星とします。

法律やルールを管理する人を土星とします。

世の中にはいろいろなタイプの人がいますが、この惑星と惑星の関係性というところに、さまざまな出来事が発生するというふうに考えるとよいでしょう。しばしば占星術というのはそのような仕組みで考えられています。

ある人とある人がどういう相性なのか。こういう場合に惑星の角度を考えていたりします。

惑星の次元の上にある全惑星というのは、こうした対人関係とか出来事などを動かしている上位のセルフとみなします。惑星一つひとつには、その意図というものがわかっていません。

土星に出会って不幸と嘆く金星
金星に出会っても義務を果たす土星

金星は気持ちのよいものを表していて、常に楽しくなくてはなりません。また外部に期待し、いろいろな人にいろいろなことをしてもらいたいと考えています。このような考え方に深く入り込んでいくと、例えば、一つのことを続けていこうとするのは無理になってきます。なぜなら、一つのことを続けていると必ず途中から楽しくなくなるからです。

たとえそれが楽しくないとしても、続けていこうとするような意思を、仮に土星と考えてみましょう。決めたことは内容がなくても続けます。金星は自分のルールに従って考えるので土星の考えというものは決して受けつけられません。無味乾燥で退屈なことを続けている土星が信じられません。

金星が怠け者で、自分で稼いだお金を全部自分の楽しみに使いたいと思っているとします。土星は税金を払ってほしいのです。金星は自分のお金を税金にもっていかれるのは嫌だと思います。ある日、土星は金星のお金から税金を奪い去りました。金星にとって、金星意識という意味ではそれは不幸なことで、また不当なことそのものです。しかし土星からすると、それは当たり前のことです。金星は不幸と感じる。土星は義務を果たしたと感じる。

金星と土星の90度のアスペクトができている場合には、それは全惑星意識からすると交流であり、ないよりはあった方がよいのですが、金星から見るとそれは不幸だし、土星から見るとけしからん怠け者に遭遇したけど、ちゃんとお金は徴収できたということになります。

金星から見た視点と土星から見た視点があり、それぞれの視点に固執すると交流はうまくいきません。

金星に強く同化している人からすると、土星は嫌な他人で、土星から見ても金星はそうです。しかし全惑星意識からすると、自分の中にある七つの働き、あるいは12の働きの中で、二つの部品の関わりが摩擦を起こしつつ、交流した風景です。

金星と土星を結びつけた意図というのは、ここでは金星にもっと土星を理解してほしい。その生き方の中に土星的なものも入れてほしい。そうしないと、人生の中で土星が来るたびに、嫌な体験をするということです。

これは惑星一つのアイデンティティーに没入しないで、ここから全惑星意識に上がるために、まずは土星と交流を始めてほしいということです。それは金星の価値観から離れることです。金星にはしがみつかないということです。

金星がある日お金を奪われたら、それは不幸なアクシデントです。しかし全惑星意識からすると、それは当然のことで、よいことです。つまり、金星に土星を引き合わせた結果の出来事だからです。

全惑星意識を基準としなければ
各惑星の思惑に振り回されてしまう

あることが不幸な体験かどうかは、その場ではわからないというのが、C・G・ユングやミシェル・ド・モンテーニュの考えでした。その場で不幸でも、それは後でもっと大きな幸せをもたらすのです。

準人間の基準である惑星意識というものに深入りしてしまうと、他の考えのものを理解することができないし、金星から見ると不幸な出来事というものがあっても、それは他の惑星から見ると、そうではなかったりするのです。全惑星意識というものは、こうした一つひとつの惑星の思惑というものに振り回されることなく、動き全体を見ることができるのです。

惑星レベルの狭い範囲での考え方では、全惑星というところで働く意図は理解できません。それはしばしば惑星から見て不幸な出来事を持ち込みます。

太陽と惑星の間に、大きな考え方のギャップがあり、互いにケンカします。しかしそれらは太陽の分割なので、太陽から見ると、お互いにあるべきところに収まっているべきものです。

まずは全惑星意識が基準となり、そのパーツとして惑星を考えなくては、うまくいきません。太陽を中心に見るとは、そういうことです。そして、人を執着心に閉じ込めてしまう元凶の月であるゴラムの意識は、太陽からすると見えてこず、それは「地球のそばにあるもの」であり、名前で呼ぶこともありません。

月は惑星よりも一つ次元が下の意識で、それを中心に生きることも可能です。しかし月に深く同化した生き方は、そもそも耐性がないし、小さなことに夢中になり、感情のコントロールができません。

その場合、惑星意識を持つ人に「ぶらさがる」生き方をすることになります。人生の中で、自分で選ぶことのできるものは何一つありません。これは犬の生活といえます。

自分の内部の月を主体とすると
誰かの周りをぐるぐる回る生き方になる

月は惑星よりも次元が一つ下にあるために、惑星の影響を拒否できない立場にあるので、影響を受ける都度、考え方とか行動がくるくると変わりますが、この変化を惑星意識はあまり意識化はできません。というのも、次元連鎖としては、月と惑星は隣にあるために対象化できないのです。

全惑星意識ならば、月の変化についてはっきりと意識的に自覚はできるでしょう。これは隣には振り回されるが、一つ置きの位置になると対象化できるという法則です。

そのため、惑星意識としては、自分の考え方は首尾一貫しているといいつつ、少しずつ考え方が変わってしまうことについて、他人はわかっていて、その人を非難したとしても、本人からすると寝耳に水で、全く何のことかわからないのです。

私たちはみな自身の中に月を持っています。ある人はそれを重視し、ある人はそれをある程度距離を置いて扱います。「月に食われている」すなわち月意識に同化しているか、あるいは一つ上の惑星意識にある間は、月がどのくらい本人を害しているかについて、本人は全く意識できないでしょう。

それでも、月を選ぶ人はいます。月が問題そのものということではありません。月を対象化して活用すればよいだけで、それに同化し、その動きをそのまま自分の感情の動きと連動させてしまうことが問題なのです。

それでも月を主体にした生き方を選ぶと、その人は誰か惑星に対応する人の周りをぐるぐると回る生き方になります。

私はアーノルド・ミンデルをならって、惑星を「小さな自己」、全惑星を「大きな自己」と呼びます。月は自己以前のものですが、分割魂の時代には、小さな自己が最も平均的な存在で、月に同化した生き方を小さな自己と呼ぶことになります。

もちろん太陽のレベルの意識というものに合わせることもできるし、恒星意識になることも可能ですが、このレベルに入ってしまうと、太陽系のすべての出来事は何の考慮に入れる必要もないというふうな状態になってしまいます。

私たちにとって、基本的には太陽が大きな自己として中心にあります。地球が中心ではなく、まずは自分は太陽系の中心の太陽にいる。そしてそこから地球に釣り糸を垂らし、そこに肉体を持っている。しかしそれは数十年のみの賞味期限のあるもので、また元に戻ると考えます。その間に何をすればよいのか、ということです。

5 地球を対象化すること

12サインの太陽とは反対に地球サインがある なぜ地球に生まれたかを地球サインから知る

ヘリオセントリック占星術の良い点は、地球を対象化することです。私たちは大地の上に立ち、地球を対象化しません。そのため、私たちは地球の上に立つことが当たり前になり、そもそもここにどうして来たのか、なぜここにいるのかを意識することはないのです。むしろ、この自分がいる場所からどこかよそに行くことだけを考えています。

ヘリオセントリック占星術では、太陽の意識から分化して、やがて地球にやってきた経緯を意識することになります。そこにはっきりと目的があります。

まず着目するポイントは地球サインです。

サインというのは、地球の赤道の延長である天の赤道と、太陽の通り道である黄道の交差した場所を春分点、すなわち牡羊座の0度として、そこから黄道を正確に30度ずつ区切った、黄道の上においての番地づけです。

地球から見て、太陽はこの黄道の番地の中のどこかにあります。これが地球の周りにある、12色に彩色された半透明のガラス玉のイメージです。

この12サインでの太陽の方向とは反対に、太陽から見た地球の位置があります。そのため、山羊座の16度に太陽のある人は、反対の蟹座の16度に地球があります。これを「地球サイン」といいます。太陽から地球に自己分割されていきますから、地球に分割された時、つまり一つの音がプリズム分光のように七つの光に分解された時に、そのうちの一つの色が地球サインということになります。なぜ地球に生まれたのか、それは地球サインに関連した内容です。

地球に生まれてくる前に
水星と金星の能力を手にする

太陽は分割された時に、空間的には、水星、金星、次に地球へと創造の光線が降りていきます。そのため、プロセスとしては地球に生まれてくる前に、水星と金星を経ています。これは内惑星なので、ジオセントリック占星術とは全く違うところのサインにあるのが普通です。

水星は選択で、金星は楽しみと考えた場合、人生の方向の選択と何を楽しみにして拡張していくかという２点が、水星と金星の位置から判明します。地球に生まれてくる目的のために、二つの能力を手に入れて、そして地球に受肉したのです。

それは自分の新しい資質を浮き彫りにしますが、しかしそれは決して地上の適応のためには存在しません。何もない土地で開発するようなものだと考えるとよいでしょう。

火星から以降は少しずつ似た位置になってきます。しかしまだ火星はジオセントリック占星術のサインとは異なるサインにあることも多いでしょう。もし火星がやる気や攻撃性、積極的に行動することなどだとすると、今まで自分が知っていたジオセントリック占星術の火星とは違うところに火星があって、戸惑うこともあります。

火星は地球の外にあるので、それは未知の荒れた素材を拾うことにもなります。太陽系の外には、膨大な資材が乱雑に埋もれたオールトの海があります。これは人体にたとえると、身体の外のオーラの領域のようなもので、まだ明文化されていない領域です。火星は地球の中にまだない、未知のまだ精製されていない可能性に関心を抱き、その目線はオールトの海まで意識しています。しかしまた地球に近いことも確かです。

太陽から分岐した複数の惑星があり、それら全体の構図はそのまま私たちの地球活動にそのまま投影されます。

つまり、太陽系の構図が、そのまま地球活動に模写されます。

すると、それぞれの惑星に似た作用を持つものを地上の中にたくさん見つけ出すことになります。天体活動は、小さな対人関係で複写されるかもしれません。しかし既に説明したように、これら一つひとつの事象にこだわりすぎない方がよいでしょう。

6 地球のアスペクト

地球とのアスペクトは地球グリッドに似ている
地球と他の惑星の180度は大きな一歩を表す

惑星には惑星のエーテル体ともいえる惑星グリッドがあり、これはプラトンの提唱したものです。ヘリオセントリック占星術では、地球ポイントに他の惑星がアスペクトを作る時、この地球グリッドに似たものとして機能すると考えてみるとよいでしょう。

12サインを赤経に投影する考え方も存在しています。

12サインは、もともとは12のロゴスの縮小版で、それは宇宙的なアカシックレコードを刻み込むための基本的なレコード盤とみなしてもよいでしょう。

アスペクトはいわば平面地球グリッドを形成します。それらはネットワーク体として、特定の幾何図形作用を浮き彫りにするのです。

例えば、地球と他の惑星の90度と180度。これは着地であり、地上的な力として働きます。特に180度は大きな卵を割ることであり、前進する、つまり足を一つ前に出すという行為です。

この180度の間には太陽が関与し、太陽は外宇宙の力を持ち込む唯一の扉ですから、そこから持ち込まれたものが、この180度を作り出す惑星の2点間に振り分けられます。

アスペクトの一方が地球である時、これは地球に持ち込まれると同時に地球ともう一つの惑星で二極化します。そのため、相手の惑星は対立する意味を持つことになりやすいのです。

例えば、地球と他の惑星の120度。これは高揚感であり、加速した活動、振動を上げていくものです。

ヘリオセントリック占星術のホロスコープは、今までのジオセントリック占星術の図とはおおいに違いますから、これで相性について考えてみてください。それは「創造的な相性関係」です。

地上に生まれてくる時に地上で何をするか。その意図を助ける相手というのがあります。これまでジオセントリック占星術ではわからなかった、つまり、関係は高揚的なのに、それがホロスコープでは今一つわからなかったというケースの場合、ヘリオセントリック占星術では、非常にはっきりと出てくることがよくあります。

これはたとえていえば、ジオセントリック占星術の相性は地上で発見した関係性。しかしヘリオセントリック占星術で好調な相性は、生まれる前に示し合わせた関係と見てもよいでしょう。

そしてここでは個人的に親密な関係というものはありません。既に指摘したように、ヘリオセントリック占星術は全惑星意識で考えるべきもので、個人対個人としての、月の感情までも考慮に入れたような関係性は成り立ちにくいのです。

7 太陽サインと地球サイン

10個の惑星のうちの一つだけから すべてを読むというのはあり得ない話

多くの雑誌やテレビなどの星占いは太陽サイン占いです。占星術をする場合、太陽系の中の惑星の位置を計算しなくてはならないのですが、唯一、太陽は同じ月日には、だいたい同じ位置に来ます。正確にではなく、だいたいです。

もちろんこれは地球の公転であり、太陽が動いているわけではありません。計算しなくても、自分の生まれ月日がわかっていれば、どのサインかわかります。実際には雑誌とかテレビでは、太陽サイン占い以外は採用不可能といってもよいでしょう。

太陽サイン占いに有効性があるのではなく、それ以外は使うことが不可能で、選択の余地がないということです。

だいたい占星術で10個の惑星を使うのに、この中の一つだけを選んで、それがその人の性格とか運勢とか人生の傾向を示すということはほとんどあり得ない話です。しかし、多くの占星術の専門家は、雑誌で原稿を書いたりしていますから、有効性がないということはいえません。自分のしていることは間違っていますといいながら原稿料をもらうというのは難しいのです。

この弊害として、多くの人は、太陽サインが自分のもっぱらメインのキャラクターだと思ってしまいます。

太陽サインは、地球から太陽に向かっていく方向性、そしてそこに投影されたサインの性質のことです。つまり「発展の方向性」です。ですから、その人の性格でもないし、また職業にもあまり関係しません。このような方向に発展させたい、という意味なのです。そこでその方向については努力します。

ぼんやりしていて自然に発揮する性格は月で描かれ、太陽は目覚めて、意識的になっている時に向かっていきたい方向性です。希望に向かう時にのみ太陽サインの性質は発揮されます。

例えば、その人の太陽が牡羊座で月が蟹座の場合、その人が元気な時には積極的で、チャレンジする性格が出てきます。しかしその人が疲れている時とか、足りないエネルギーをチャージしたい時には、その人は蟹座に戻ってきます。親しい人に人なつっこくまとわりつき、全くのところ牡羊座の性格とは似てもにつかないものに変わります。太陽は目覚めて元気な時に働くのです。

上からのものを感受する場合 12分の1か7分の1の法則が働く

地球から太陽に向かう時、その間に12サインのカラーが彩色されたガラス玉があり、そこに映された性質を太陽と取り違えて、12分の1に限定された特色を太陽として受け取るということを説明しました。

ルドルフ・シュタイナーやアカシックリーディングのゲリー・ボーネ

ルなどは、何か霊的な印象を受け取る時に、必ず12分の１に制限された形で受け取るという法則があると説明しています。これは太陽に向かった時に、その情報に12サインの色づけをしてしまい、そのうちの12分の１のものとして受け取るということに似ています。

12というのは、元は七つの法則です。音階でいうと、７音階は半音ずつに分解すると12音となります。現代音楽などで12音音楽というのはこの半音ごとのもので、古典的な音楽は７音階で作られています。

その点では、12分の１で受け取るという前に、一つの音は七つの光に分光します。そのため一つの信号は、もう一つ下の次元では七つに分解されたうちの一つを受け取るという法則と共鳴があるのです。

「太陽は上に向かって月であり、下に向かって太陽である」という原則が働きますから、感受するとは下の次元にあるものの姿勢です。そして、下は七つあるいは12に分割されていますから、「感受する場合には、必ず12分の１ないし７分の１として受け取る」という法則が存在することになります。

太陽の下の次元は全惑星です。このうちの一つである地球は、太陽よりも下にある次元で、知覚が制限されてより狭い視野の中で生きているので、太陽を見ても地球の意識の範囲でしか受け取ることができず、それは12分の１のサインとして受け取るしかなく、もしここでそれ以上に拡大してしまうと、地球意識そのものが成立し得なくなるということになるのです。

どんなに広げても、12分の１以上には無理。そういう現実を意味しているのでしょう。

そのため、シュタイナーのいう霊界の情報を受け取る時には、12分の１に制限されるというのは、下の次元にあるものは、そのような受け取り方しか許されないという意味になります。それ以上に広げてしまうと、その次元そのものが成立しなくなるということです。

地球サインを十分に発揮してない人もいれば 太陽サインよりも強く働いている人もいる

地球から太陽を見ると、地球にあるものの中で太陽に似たものを想定し、それで理解しようとします。このような自分が抱くイメージの延長線は、いつかは終わりがあります。

自分が抱くイメージの中での発展は、自分のエゴや野望の範囲の中にあるもので、そこからもっと大きな視点に出ることは永遠にありません。もっと大きな視野に転換して、そこからあらためて自分の目標を考えるということができるとよいのですが、それは定期的に、ショッキングな脱皮という形で起こります。

「有限にあるものは自ら上昇することはできない。無から有限に降りてきたものがショックをかけることで、下にあるものは自らの限界を突破できる」という法則を活用して脱皮することかできたら、その後の希望も存在します。

地球から太陽を見て、なおかつ12分の1に希釈されたものに対して、上から下に降りるものとは、太陽から地球に向かった視点です。これが、これまでの地球から太陽に向かった視点に対して、正面からぶつけられることで、私たちを閉じ込めたガラス玉は割れます。

私が見ていると、地球サインについては、まだ十分に発揮していないという人もいれば、太陽サインよりは、地球サインの方がより強力に出ている人もいます。

より上の次元の力が働くことになれば、この力を地球に降ろしてこようとしますから、その時には地球サインの力がより強く発揮されることになります。上位の次元の力がまだあまり発掘されていない人は太陽サインの力がより強まります。しかし不思議なことに、発達してくるほどに、その人は太陽サインの力よりも地球サインの力を発揮するようになります。いつのまにか、性格に変化もあります。

太陽サイン牡牛座の人に「物欲を持つな」とか、太陽サイン天秤座の人に「人と関わりすぎるな」というと、まるで太陽サインの可能性を摘み取るようですが、しかし太陽サイン蟹座の人で、発達した人の中に、仕事の時間が多すぎて、家庭のことにあまり時間をかけていない人は多いのです。

これはどういうことかというと、シンプルにいえば、「上位の次元の意識が発達してくると、太陽サインの性質は次第に弱まり、最後に反対にある地球サインの力と衝突するかのように混ざり合って、サインの性質そのものが希薄になっていく」ということです。

地球サインは自動的には開発されない 受動的な観察では何も発見できない

太陽サインとは、地上から太陽に向かって伸びていく向日性の植物のようなものです。そのため、それは大地から離れていこうとする衝動を表しています。それにもかかわらず、地球という希釈された分割魂の12分の1の視点そのため、地球から出られないという矛盾を抱え込んでいます。つまり、行き止まりの洞窟にもぐりこむようなものでした。

太陽から地球へという流れが開発されると、それは活力源を開発したようなもので、無尽蔵になってくるという傾向があります。つまり、地球サインを開発した人は、太陽サインの性質が弱まると同時に、活力が果てしなく大きくなるのが特徴です。

地球サインは自動的に開発されません。自分を見て、「どうも地球サインの特徴はないようだ」ということはできません。

地球サインは自分の中の意図を思い出さないといけないので、受動的な観察では何一つ発見できません。太陽から地球へというのは、より上位の次元から分割されて地球へという流れですから、限定されない、すなわち12分の1になっていない源流的な力がないことには、ここに何も流し込むことができないのです。

生まれてきた目的が明確だと地球生活は退屈しないし、楽しみは自ら発見し、既にあるものの中から探し出すような仕方をしません。それはまだないものを開発するのです。未開の地で新天地を作るようなものです。

私たちは地球にいるかぎり12分の1から逃れることはありませんが、しかし同時に12分の1でない、元の一の要素を持たないことには、何か新しいことを始めたり、人生を開拓したりすることはできません。下から上という視点の一方通行の12分の1のみの生き方では、地上の既存のものを模倣するだけで終わります。

地球サインという180度の視点をぶつけて、この狭い通路をもっと太くする必要があります。それは、牡牛座の人に物欲を持つなとか、天秤座の人に人と関わるなとか、牡羊座の人に勝手に決めるなとか、蟹座の人に家のことにかまけるなという、それぞれのメインの特質の息の根を止めるようなものですが、これは「発展のための断念」というもので、最も依存している性質の根を絶つということでもあるでしょう。アル中の人に1滴も酒を与えないことというようなものです。

実際そうすれば、その12分の1の、地球的性質から解放され、より大きな視点を手に入れることができます。

サインのちょうどど真ん中であっても
反対側のサインが入り込む隙間は存在する

私はそれぞれのサインはちょうど真ん中の場所、つまり15.00の度数に、反対側のサインの性質が入り込むということをいっています。

これはサビアンシンボルを説明する本の中で書いたことで、それは2000年あたりに思いついたことでした。

私の本で書いた新情報については、しばしば「出典がどこにあるのかわからない」といわれるのですが、出典が書いてない新情報は、私自身が思いついたことであって、どこを探してもないことが多いのです。

このサインのちょうど真ん中に反対側のサインが入り込むということも出典はありませんが、普遍的な法則だと思います。

真ん中で折れるというのは、ピタゴラスのモノコードの理屈では、1オクターヴ高くなる場所です。それは1オクターヴ高くなるのですが、性質としてはむしろ挫折するのです。より高度になるために手元にあるものを犠牲にするかのようです。

例えば、乙女座は乙女座の真ん中で、乙女座のアイデンティティーとしてはひどく傷つけられる体験をします。サビアンシンボルでは、それが端的に表現されています。清潔に整えられた躾のよい子供が、動物園でオランウータンの前に連れて行かれる。これは乙女座が無意識の領域に排除した影の力が目の前に現れて、乙女座のアイデンティティーを打ち破るのです。清浄な生活をしようとする人が、捨てたゴミが逆流してきたということと同義です。

嫌って排除したものが戻ってきて目の前にあるのです。

サインはサインの特質ゆえに、それ以上のところには発展できません。そのため、発展させるためには、そのサインを逆なでするような影の領域を取り入れるしかないということです。

地球サインもそれと似たような性質があります。しかしサビアンシンボルの場合には、あるいはサインの持つ真ん中の弱体部分は、小さな枠に閉じ込められた状況を救い出すのです。そのため、真ん中以後はそのサインに対する執着心が緩和され、そこから去る準備もしますし、またサインに対して、より広い視野から見ようとする視点が生まれます。そうしなければ、その後のサインの性質は手に入らないのです。

サインの30度を山登りと考えた時には、頂点は15度にあります。15.00度の頂点では、突破口の可能性を見いだします。そもそも1オクターヴ上というのが、一段階レベルアップという意味です。そこで反対側のサインに遭遇するのは、ちょうど太陽サインがそれ自身の持つ12分の1の性質の限界性に身動きが取れなくなっていて、その時に反対側の地球サインが押し戻してくる。そして中和されるということにどこか似ています。

次項からはそれぞれの地球サインについて説明します。

Geocentric 太陽サイン 牡羊座　Heliocentric 地球サイン 天秤座

3月21日〜4月19日生まれ

私たちは太陽から地球に向かって生まれてきました。そこには何か目的があったのですが、しかしそれをすっかり忘れたのか、地球から太陽に向かって伸びていこうとします。

何かしようとしていたはずなのにそれを放置して、早くも地球という自分の活動の場から逃げ出したいと考えた時に、光が差し込む方向である太陽サイン牡羊座に向かうことになります。それはまるで自分が生まれたことが失敗だったかのようです。

たぶん、私たちが地球的な存在であるということに深く同一化しすぎると、太陽サインは実感が持てることもあります。そもそもは太陽的な存在で、地球にやってきたと考えた時には、太陽サインはそれに対する反対の衝動と認識されます。

雑誌やテレビなどで「自分は牡羊座だ」といわれている時に、あたかもそれが可能性を開くかのように考えるかもしれませんが、それは自己逃避としての方向です。急ぎ足であと先も考えず衝動的に行動しながら環境から脱出しようとしています。

生まれてきた目的というものは、この生まれの人は天秤座にあります。

＊

牡羊座は火・活動サインです。反対側の天秤座は風・活動サインです。

太陽サインの牡羊座の始まりは3月21日か22の春分の日前後で、この時には太陽の日の出・日没は、まっすぐに東と西を貫きます。その結果、地上では、東西に向かってレイラインが走り、そこにたくさんの神社や寺、聖地、山、磐座《いわくら》などが配置されることになりました。

日本で最も有名な「御来光の道」は

富士山を貫通していますが、春分の時期に、この場所で日の出を拝むと、最も純度の高い太陽の光線の力が差し込みます。

春分と秋分は昼の長さと夜の長さが同じで、陰陽が中和されてゼロ状態ですから、12サインの中で最も強烈に生命力が入り込みます。

太陽はこの時に天秤座に向かって光線を下降させます。天秤座は形を持ち、人に見える形で自分を客観的に表現する。それは均衡の取れた新しい姿を提示しようとする目的です。バランスのよい、新しい意味での完成体としての人間の表現です。

ここで太陽サインの天秤座と取り違えないでください。太陽サインの天秤座は、地球から太陽に向かって伸びようとする時の方向性のため、素材を地球から持ってきます。それはこれまで地上に存在していた美意識やバランス、対人関係のスタイル（例えば、誰かのことを話題にしたりすることなど）を表現手段にします。

しかし、太陽から地球へという流れでの地球サイン天秤座は、地上に存在しないものを持ち込みます。それは全く新しい概念においての人間表現としての美や均衡、また知識などを意味します。

地上においての題材をあまり参考にしないで模索する人生を歩むために、しばしば失敗をしでかしながら、それを優れた表現に持っていきます。

＊

天秤座は秋分点から始まり、それは刈り取りそのもののため、完成された果実を表します。完成されてもぎ取られます。

また、地球サインは天秤座そのものですから、従来の占星術の支配星を参考にすると、あなたの支配星は金星です。この金星が、ヘリオセントリック図でどこにあるのかを重視してください。表現の美や完成度、バランス、総合性が大切なため、金星のスタイルを考えることは重要です。それは太陽系の中で欲求を満たすことや楽しむことを表しています。

地球から逃走しようとする太陽サイン牡羊座にウエイトを置いた時には、主観的で他の人をあまり顧みない性質が強まります。それに対して、地球サイン天秤座は、環境の中に人にわかりやすい形で飛び込みます。外から見られたイメージはとても大切になります。しかし太陽サインの場合には逃げ出すというのが目的そのため、人にどう見られているかは全く興味の中にありません。

地球サインが発達してくると、曖昧な形ではなく、人にはっきりとした成果を見せたり、あるいは自分の人格の明確な表現というものを打ち出したりすることが大切です。

もちろん対人関係は非常に重要です。人との関係が天秤座では他のどのサインよりも重要という点では、ヘリオセントリック図で他の人のヘリオセントリック図を相性として比較してみると興味深いでしょう。

それは地球に生まれてくる前に示し合わせた関係性です。あなたの地上においての目的を助けてくれるかどうか、共同者になれるかということを示しています。創造のために、どういうネットワークを組むか考えるとよいでしょう。

実のところ、従来のジオセントリック図ではこの関係性は決して見えてこないので、新しい視点での対人関係の発掘になります。

また、あなたの支配星である金星は地球に一番近い太陽の使者ですから、与える存在としての金星を表します。あなたは人に何を提供できるか、金星を参考にしてみるとよいでしょう。

＊

太陽サイン牡羊座は常に相手からの反応を期待しています。周りの人から評価されないと自分が何者か全くわからないのです。周囲の反応によって価値があるかないかを判断しています。

ところが、太陽サイン牡羊座は、周

囲からどんなに評価されても満足することはありません。というのも、地上の周囲の人のリアクションを期待しているわけではなく、実は、太陽から地球にやってくる地球サイン天秤座の力を待っているふしがあります。つまり、剥き出しの裸の魂は、太陽からやってくる洋服を待っていたというようなイメージです。

存在としてのバランスを取るためには、太陽サイン牡羊座と地球サイン天秤座をぶつけて、力がどこにも向かわない、空白状態で、空中に立つという状態を手に入れるとよいでしょう。

このどこにも向かわず空白状態で立つというものこそ、地球においての太陽の代理人として生きることで、取り憑かれたように牡羊座に走る行為はむしろ飢餓状態に等しいものです。

太陽サイン牡羊座の、決して満足しない、いつも何か探しているという姿勢は、地球サイン天秤座の生き方を発見しないかぎりは、止まることはありません。

＊

地球サインが発達してくると、人の要求に応えていくということが、だんだんと楽しくなります。そして自信が出てきます。自分が何を提供できるかはっきりしてきます。

ところで私は、12サインを細分化したサビアンシンボルの体系やそれぞれの度数の意味で説明することは多いのですが、これで考えると、太陽サイン牡羊座16度は、反対側の天秤座の影響が強く入り込んできて、牡羊座の積極性はここで失われ、無気力に沈みます。そして、夢見ることは、この世では失われてしまったものです。ここには地球サインへの予感が含まれていると思います。

その意味では、太陽サイン牡羊座の人は走ることを一度止めてしまう時に、地球サインが入り込む余地があるということを暗示します。

夕方や不毛であること、疲労すること、挫折すること。このような時に、地球サインの力が強まってきます。機械は止まらないことには、他の何かを気づくことはないので、ここでは牡羊座的なアイデンティティーが挫折するというのは、大きなメリットをもたらすのです。

＊

また、火と風の違いは、火が吐き出し、風はそれを受けて受容すること、または火を煽ったり、鎮めたりすることです。地球サインである天秤座の風の性質を自覚するには、自分の内側からではない外から見る視点を持つことです。

太陽サインと地球サインが両方あるというのは自分で煽って自分で受け止めることで、因果の両方を持つのでなかなか便利ですし、自立的です。

ちなみに、地球サインにおいての天秤座は、対人関係を表すサインですが、地上ではなく、太陽系的な秩序においての正しい人間関係を作り出すことが重視されています。そのため、相手の発言をちゃんと聞いていないかもしれません。なぜなら相手の発言は相手そのものではなく、その肉体的な人格から出てきたものが多く、真意は言葉にされていません。

＊

太陽から来た力を通じて、天秤座に生きるということは、相手の言葉を重視しすぎないが、相手そのものの本質は重視するということです。そのため、中には人の話を全く聞いていない人もいます。相手の言うことに合わせると、それは相手の小さな自己を重視することの場合もあります。小さな自己に迎合すると、自分もそれにとらわれます。

地球サインが見えている人は、相手の地球サインの性質が見えてきて、それを重視します。

Geocentric 太陽サイン **牡牛座**

Heliocentric 地球サイン **蠍座**

4月20日〜5月20日生まれ

太陽の光に向けて、地球から飛び出していく意識としては、牡牛座の位置に向かっています。真実の太陽は12サインをすべて合わせたところの果てにあり、太陽に向かって飛び出した結果、太陽の代わりに、あなたはこの太陽の12分の1の牡牛座色を帯びた性質を手に入れることになります。

しかし、これは太陽に向かうことの障害物にもなります。この方向性を打ち消すことで、本当の太陽に近づくことができます。

そのためには、反対側の、太陽から地球へという「創造の光線の下降」の方向をより強く意識することでしょう。それによって突破口を見いだすことができます。

また、地上生活に満足できることにもなります。地上でまるで太陽のように生きることができるのです。

太陽サイン牡牛座の生まれとは、牡牛座的なことに希望を抱いて、それを通じて太陽の力の一部が漏れ出てくるのを待っているのですが、しかし自分がその力を発揮することを意味していないのです。なぜなら、太陽を見ているわけで、太陽になるわけではないからです。

夢見ているが、実践はしない。もともとの本来の力を発揮するために、地球サインに着目しましょう。あなたの地球サインは牡牛座と反対側にある蠍座です。

＊

しばしば牡牛座は物欲のサインと考えられています。実際には、16度から20度くらいまでは物質の中に潜む資質を利用して、真実の精神性を開発します。そのため、必ずしも物欲とは限らないのですが、それでも肉体や物質、感覚などの優れた発達を示すことになります。

牡牛座は生まれつきの資質を表します。２番目のサインは肉体を表し、この中に遺伝的なものがたくさん満載されていて、先祖が開発したものをすべてギフトとして手に入れるからです。

ところが、金星とか火星とか木星とか、いろいろな惑星が牡牛座にある時には豊かな才能を示すのに、なぜか太陽だけは牡牛座にあっても、そのような明確な資質を持たないことがよくあります。方向性は持っているのに、成果はおあずけのまま、ということがあるのです。

太陽は目標を示すが成果を表さない。これは矛盾しています。一番欲しがっている人に与えていない。他の惑星の場合には、そんなに欲しがっていないのに自然に与えられているということがよくあるのです。

つまり太陽サインは、実は牡牛座を目指しているわけではないのに、何か気がつくと、そのような話になっていた、ということです。

＊

太陽サイン牡牛座の人は、牡牛座が比較的空白です。財布はあるがお金は入っていないようなものです。

太陽サイン牡牛座の人は、牡牛座であることに最後の最後まで満足することはないでしょう。

物質性や感覚性、芸術的なものや、物品に対して、また身体的な快楽を通じて、身体の中にあることの喜びを通じて、太陽意識の片鱗を手に入れようとするけれど、そんなものは太陽意識でも何でもありません。太陽に向かって走ると、物質的な牡牛座の洋服を着せられてしまったということです。

牡牛座は、自己の身体性の中に埋没し、それ以外からはものを見ないことになります。自分に与えられた肉体には、種々の埋蔵された資質があり、この開発に手いっぱいになります。感覚の発達は、意識の表現のさまざまな色合いを豊かにしていき、ここには果てしない可能性があります。

ところが、太陽サイン牡牛座は、こうした感覚の中の可能性を開発することを楽しみにしたわけではなく、この「方向性を通じて」それらの制限が打破されて、もっと拡大していくことを期待していたのです。

そのため、牡牛座的な行為に本当の意味では楽しみを見いだすことはできません。

したがって、満足し、本来の働きを手に入れるには、地球サインである蠍座の探索をしましょう。

太陽は地球に向かって、自分を分割する時に、蠍座の性質に分割したのです。

＊

自分の持つ肉体や環境、資質、文化など身近なものの可能性を開くよりも、そこに対する期待を諦めて、自分以外の何か、他者性の中に深く入り込むことで自分を変えていくという蠍座の性質について考えてみましょう。これは牡牛座とまるっきり反対です。

例えば、お金持ちと銀行員の対比で考えてみましょう。

牡牛座は自分のお金を持っています。固定サインのため、それを流通させることに抵抗します。物や土地、お金などをじっと持つことが多くなります。

銀行員は蠍座の性質と仮定してみます。銀行員には自分の持ち物など何一つないのです。しかしお金持ちに接触して、そのお金を銀行に預けさせることに努力します。その時には牡牛座の人との関係性の中に深入りします。一緒に何かすること。約束を破らないこと。ずっと関係が続くこと。こういう行為を繰り返すと、牡牛座の人は自分の一番大切なものを、銀行員に預けることになります。

水のサインの蠍座はこのようにして、土のサインの力を引き寄せます。水は決して土を持っていないのですが、水と土は引き合うので、蠍座と牡牛座は引き合います。

＊

太陽サイン牡牛座の人は、自閉的な生き方をしている時には、自分の持ち物や自分の身体性、また自分の感覚を信じることで、生きていくことに満たされようとしますが、しかし、ここでいつもの定式通りに決して満足を手に入れることはありません。むしろ何かすり替えられてしまったという実感を感じるのです。

本当はこれは欲しくなかったのに、そうだと思い込まされようとしている。自分の持ち物に飽きていて、これが本当は面白くなくて、もっと違う資質やもっと違う可能性に拡大していきたい。こういう時に、よそに侵入する蠍座が発芽を始めます。

お金持ちと銀行員のたとえでいえば、お金持ちはある程度のところで止まりますが、銀行はたくさんのお金持ちのお金を集めて巨大化します。牡牛座はこじんまりしているけれど、蠍座は強大になるのです。この時には、自分の持ち物をいったん捨てた方が拡大します。

＊

サインの真ん中である15.00度は反対のサインの侵入ですが、牡牛座の16度はないものねだりで、手元にあるものが気に入らない人を意味します。

蠍座の16度は、そもそも他者に委ねることもなく、自分のままでよいのではないかと感じる人を意味します。それぞれが自分のところに飽きています。

その結果、その後の17度以後では牡牛座、蠍座共に、屈折したコースが展開されます。

蠍座では自分の中の異なる部分を蠍座的に、つまり他者的に探し、まるで他者から受け取ったかのように、自身の資質を自身が受胎することを目指します。例えば、自分の子供の父親である女性という妙なシンボルが出てくるのはこれが原因です。

牡牛座では、見飽きた自分の持てるものや資質から、新規で他者的なものを引き出します。これはそんなに難しくないのです。それはもっと掘り下げればよいだけです。ある地層で取れたものに飽きたら、さらにもっと深く掘ればよいのです。これらは反対のサインがどのような貢献をするかということを事例として見せています。

太陽サイン牡牛座は、ある種の怠慢さを持っていて、それは自分の身近なもので終始するということですが、地球サイン蠍座が開発されると、掘り下げることに邁進《まいしん》し、自分の持っている資質の限界性を大きく打破します。

ただし、地球サインの最悪な資質が浮き出してくると、他人のものを奪い続ける人ということも出てきます。太陽サイン牡牛座だけで止まっていればそうした性質は表面化しませんが、地球サインが現れると、他人と自分の型を壊し続けながら、奪い続ける人が生まれてきます。

地球サインには、太陽サインのようなリミッターがありません。それは過去の事例に遠慮しないのです。地上の事例におかまいなく、太陽意志を地球に埋め込みますから、悪魔のように恐ろしい略奪者も稀に登場します。私はそのような人を知っていますが、想像を絶する恐ろしい人格です。しかしこんな人は滅多にいないでしょう。歴史上ではアドルフ・ヒトラーもそのような一人だったのではないでしょうか。

＊

地球サイン蠍座は、今まで手にしなかったものを地球にやってきて手に入れようとしている。それが牡牛座の身体性だったのです。そのため、この手に入れた牡牛座的な身体をあちこち調べ、もっと異なる可能性がないのか探索し、常に、その違う面を、異なる視点で発見するという行為が必要です。

牡牛座の身体性というのは、地球の伝統を吸い込んでいるので、実は無尽蔵に引き出すものがあります。その中に深く深く、ますます深く入り込んでみること。2度で壁を破り、その内部に入り込むことになります。

一人の自分を、まるで複数の人のように、複数のレイヤーが重なったもののように扱うこと。なぜなら、長い伝統がこの中に埋め込まれているからです。もしここでこの地球サイン蠍座が開発されていないのならば、地球サイン牡牛座は、単調な自分というものを、自分と勘違いしてしまうことになるでしょう。

＊

太陽から見ると、地球は珍しい資源のある新規な天体であり、そこに自分の分身を、つまり分割魂を送り込んで、鉱物や植物、動物の成分などを引き寄せて、新たな身体を作り出し、そこに今までとは違う可能性を探すということを目的にします。それは新鮮で新しく、また未知の要素をたくさん持っていることになるのです。

この開発のためには、今手にしているものを捨てること。今の物欲や今の所有欲を捨てることです。

ある魚を食べて、その味やその実感、その気配から、別の生き物と交流していることを知る。水は土を引き寄せる。水は土を持っていないが、土を引き寄せ、次第に流動的な、あたかも土であるかのような身体を持つ。その時は土の部品の結合力は、水の引力からきている。つまりは執着心や関心です。

土であることを意識するのでなく、水が引き寄せて土が構成されていることを忘れてはならない。すると、目的に応じた身体性を持つことになるのです。

そもそも身体というのは、長い歴史を持つので、どこからでも何かを引き出すことができるのです。あらゆる人は、先祖は一人に辿り着くといわれています。

＊

牡牛座に対する蠍座的なアプローチは、視点を変えると、全く違う資質が表面化してきて、それを他者的に受胎するということです。

牡牛座の16度以後から20度までは、この新しい大陸が浮上してくることを目的にしています。新しい大陸は太古の昔に消え去ったものか海面下に沈んだものかもしれない。それは私たちの、今の意識から見ると見えない。しかし異なる意識であれば、またすぐに見えてくるのです。

ここでは「問いを発すること」によって新しい地層が見えてきます。問いをすることは、もう回答を得たことです。何も失われているものはなく、探査装置が変わると、異なるホログラムが見えてきます。牡牛座は自分の中でそれを探さなくてはならない。蠍座のように取り組むということです。

牡牛座がマスクしてしまう蠍座的な要素とは、他者性という意味です。それをあまり考慮に入れないことで、牡牛座は狭い範囲に閉じ込められます。しかし、太陽サインと地球サインという相極性がないと、この通路がうまく働かないように、地球サイン蠍座を発見することで、地上においての健全な生き方が開発されます。

＊

太陽サイン牡牛座の人は、人にあまり真剣に関わりません。地球サイン蠍座の開発された太陽サイン牡牛座の人は、人のことに根底から関わり、そのことで自分も変革されていくでしょう。他人とは自分の別の表現だからです。太陽サイン牡牛座で止まった人は、他人に無関心です。しかし、地球サイン蠍座が開発されると、そんなに広くはないのですが、他者に深く関わることになります。そこに大きな違いが出てくるでしょう。

無意識に干渉するのでなく、必要な時に、意識的に相手に介入し、深入りすることになります。その時、自分も大きく変化を遂げます。

水は土を分解し、また引き寄せます。水は土の再結合を促します。太陽サイン牡牛座の資質は、地球サイン蠍座の力によって、作り変えられていきます。これは他の惑星が牡牛座にあることとは全く違う性質なので、他の惑星が牡牛座にあることを参考にしないでください。

＊

なお、ジオセントリック占星術の理屈を参考にすると、あなたの支配星は冥王星です。

冥王星は、太陽系と外の境界線にあり、その意味では、カロンと共に地獄の渡船というイメージの天体です。今までのものを止めて、外側に置かれている裏側の資質を呼び込み、新しい活力を引き出します。

まるで人格が切り替わるかのように、この裏と表がひっくり返ったりするのですが、太陽サイン牡牛座／地球サイン蠍座の人は、自己の資質の奥の奥にある未知のものを引き出すことで、言語化に大変に時間がかかるようなものを掘り出すこともあります。これは主に24度前後のケースですが、膨大な潜在力があるということです。たぶん、飽きるということが、新たな探索のきっかけ作りになるでしょう。

Geocentric
太陽サイン
双子座

Heliocentric
地球サイン
射手座

5月21日〜6月21日生まれ

太陽サイン双子座は風の柔軟サインです。これは横広がりの知性を表し、なおかつ柔軟サインのために無計画な性質を持っています。つまりは、知的な刺激において、偶然生じることなども歓迎し、新しいことを知るということに労力をかけます。一つのことを続けていると、ある限界にやってきて、いやおうなしに違う対象に関心が移動することがあります。

この場合、一つのことをしていると飽和状態になる原因は、たくさんのことを手がけたいということではなく、何か精神の限界点のようなものがあることも多いでしょう。

それは自分というものが変容したくないということからきている可能性もあります。これ以上関わると、自分が変質しなくてはならない。その意味では、ある程度自分を守りながら、限界を超えそうになると、対象を変えていくということになるのでしょう。これはその手前に牡牛座があるということも関係しています。

牡牛座は固定するものです。肉体は固定され、変わりません。そこから双子座は離れようとしますが、しかしまだ牡牛座の直後のサインのため、牡牛座を対象化するほどではありません。肉体をもって移動すること。たいていサインは、その前にあるサインを「活用しようとする」のですが、まだ近すぎるのです。そのため活用するよりも、それに支えられて、次のステップに進む。つまりは前のサインを踏み台にするということになります。しかも距離が遠くないので、無意識に踏み台にしています。

すると双子座は牡牛座を踏み台にするので、牡牛座の台座から離れることはできません。肉体が反応することに依存すること。肉体に付随する感覚から判断すること。そのため双子座にはしばしば物質主義的な精神が現れます。肉体から離れた知覚意識というものをまだ持つことができないのです。しかし蟹座に入ると、牡牛座は対象化されます。蟹座は肉体感覚を伴うことなく、情感とか心理的なものを感じ取ります。

＊

いずれにしても、双子座は個人という肉体性からまだ離れることができないのです。そのため、個人としての感覚や感性からほど遠いものを理解することに困難があります。牡牛座の示す地域性や民族性、家系の影響、それらは双子座に影の領域で規制をかけています。また同時に、肉体性を踏み台にして、そこから遠く離れることができないということは、肉体を元にした方向感覚が存在するということです。

この方向感覚は、さまざまな情報に対して公平に振る舞えないことを意味します。風・柔軟のサインならば、どんなものでも好き嫌いなしに食べそうですが、実際には、そこに双子座なりの重視・軽視というまだら模様が生まれてきます。

それが双子座の考えを平面的にしていきます。そのことを実感している双子座は、その欠陥を補うべく、バラエティーとか多彩さを作り出そうとしますが、それらは平面的なバラエティーになってしまいます。たくさんバラエティーを作り出しても、何か根本的なところではいつも同じで変わり映えがしない。何かバラエティーと変化に富んでいるほど、発展しにくい単調さが浮き彫りになります。盛りだくさんにするほど退屈に見えてきます。

＊

地球サイン射手座は、その限界を打破します。風のサインが横に広がるのに比較して、火のサインは上昇をします。火は上に燃え上がるのです。双子座が地上に横に数を増やして広がる風としての2次元的な拡大を意味しているとすると、それに上下運動を加えることで、3次元的な視点を与えることになります。

つまり、牡牛座が持っているような特定の場所性というものから大きく上昇することができるのです。その結果として、自分の肉体感覚というものを元にして判断するという習慣から、双子座の太陽の人は自由になることができるのです。

とりわけ射手座の場合には、応用的な能力というものが最も重要になっていきます。自分には直接関わっていないような分野とかあまり知らない領域に対して、いくらでも入り込むことができて、その中で応用的にこれまでの自分の考え方を再生させることができるのです。

このような異なる対象に、双子座はうまく入り込むことはできませんでした。自分の視点から離れないで、異なる対象を見ていたのです。そのためいつも自分色にしか見ていなかったのです。しかし射手座は、異なる対象の中に一度自己喪失し、異なる対象の中で新しく再生するのです。射手座はこのことが特技となり、どんなものにも入り込むことができます。双子座はそれに警戒しています。

＊

射手座の前にあるのは蠍座です。蠍座は集団が形成してきたものです。集団を結びつけるのは、それぞれ個々の資質や肉体性から離れた、関係性のキーワードによってのみ維持されること、つまり水の元素の性質です。

私とあなたはどういう関係の意味があるのか。これが関係性のキーワードです。この関係性によってのみ意味の発生するような土台を踏み台にして成り立つ射手座は、双子座が個人の肉体性という牡牛座の資質に依存していることの限界性を打開します。自分の見方から離れること。関係性の中に飛び込み、自分の土の土台から離れること。

＊

双子座の場合、車の運転の仕方などの具体的な知識だったものは、射手座では、土を切り離した、哲学や思想などを理解することができるのです。双子座の性質は、実はこの抽象的な哲学や思想を本当の意味で理解はできないのです。自分の具体的な肉体の足場から見ているからです。

太陽サイン双子座は地球サイン射手座を手に入れることで、横にも縦にも、大幅にジャンプすることができるようになります。射手座だけならば、上下運動しかできません。しかし双子座が加わることで、横にも縦にも拡大できます。

双子座の太陽は16度（15.00度）の段階に入って射手座の影響を受けることになりました。16度から20度の間に、双子座は射手座の中に溺れてしまうことになりました。広すぎるプールの中で足がつかないのです。肉体の拠点がなくなってしまったにもかかわらず、双子座であり続ける人は情報の海で溺れてしまい、何が真実かわからなくなってしまうという影響を受けます。

何が真実かを判断するためには、土の足場のないところで考えるという射手座的なやり方を学ぶ必要があるのです。双子座は、この度数の領域でさまざまな考え方に影響を受けて流動化していくことで、広がりのあるものを理解することができるようになってきました。

＊

双子座と射手座を比較してみましょう。例えば、射手座よりは双子座の方が人の噂話をしたり悪口をいったりする比率は多いのです。悪口をいうためには、自分の頑固なものの見方が必要です。自分から見て「あれは悪い」とか「あれは良い」という評価が決まります。射手座は足場を失って、対象の中で再生するというやり方をするので、そこで悪口をいう根拠を失ってしまいます。つまり土の利害が存在しないのです。

いずれにしても、火のサインと風のサインは、両方を合わせて初めてうまく機能することができます。そこで六角形が出来上がります。火は上下のベクトルを、風は左右などの横のベクトルを作り出し、両方あると六角形は拡大します。

＊

地球サイン射手座のあなたは、支配星は木星です。木星はいろいろなものを寛容に取り込んでいきます。一つひとつに細かく批判しているわけではありません。

基本感情は批判ではなく、増大や飲み込むことです。太陽サイン双子座に依存している人は、この木星作用に抵抗する部分はあります。しかし自由自在の伸縮力がある方が、人生の可能性はもっと拡大します。

Geocentric
太陽サイン
蟹座

Heliocentric
地球サイン
山羊座

6月22日〜7月22日生まれ

水と土の関係は、土が器を作り、この中に水が蓄積されます。水は土の保護を必要とします。そうでないと、水は拡散してしまうからです。

蟹座の場合には、魚座と違って水の拡散を嫌います。魚座は､もともと水は拡散し､空気の入った水､つまりは霧とか雲のようなものですが、蟹座は、器に入れられた水のため、特定の人々との関係の中で、活発な感情の交流を必要とします。この器は小さなものは家庭。数人しか入らない器です。大きなものではバイカル湖のような大きなもの。それは既に地域・集団性をトータルに取り込んだものです。蟹座は決して狭苦しくもないし、範囲も小さなものではないのです。世界中に広がる地球サイズの蟹座というのもあります。流行しているデザイナーなどには必ずといってよいほど蟹座の要素があるでしょう。

水は器の大小は比較的不明です。器を作るのは土のサインです。ということは、蟹座は、地球サイン山羊座を手に入れることで、自分の器や活動の範囲を決めることができるということになります。単独に太陽サイン蟹座だけが発達した人は、共感し、愛着を抱き、同化する集団や仲間の範囲を決めることができませんでした。

また水の安定性は土が決め手です。例えば、情感が豊かな人にかぎって、家が欲しいと感じます。自分の安定した土台があると安心して活動できるからです。水を入れる器としての家。これは蟹座の支配星である月と山羊座の支配星である土星のセットを表します。貝でたとえるならば蟹座は内臓で山羊座は貝殻。貝殻に守られた内臓は、それ自身安定して育成されていきます。

したがって、太陽サイン蟹座の人が地球サイン山羊座を手に入れることで、大きな安定感を受け入れることができます。蟹座の太陽サインの人は牡牛座を身体にして、双子座の感情を持ち、蟹座の目的を持っているというふうにも考えられます。感情は常に細かく揺れ動く性質を持っています。安心感を得るためには、収入が安定しているとか、社会的な立場がはっきりしているとか、常に積極的に仕事に取り組むことができるなどが必要です。

しかし太陽サイン蟹座には、もともとこのような性質を持っているわけではありません。むしろそれらに対しては強いコンプレックスを持っている場合があります。したがって、ときにはそれを自分が深く関わる相手に要求することがあるのです。

地球サイン山羊座が手に入るならば、太陽サイン蟹座の人は、自分の生き方に確実性が存在すると感じるようになってきます。それはまるで今までぐらぐらしてきたような家に太い柱が入ったようなものでしょう。あるいは強い外壁です。

固い安定感が手に入ることで、自分自身の心理的な働きがよりリラックスした形で、発揮できるようになるのです。

＊

蟹座は16度で山羊座の侵入があります。この時に蟹座の人は、社会的な進出を考えるようになります。自分の趣味を発展させて仕事にするような方式は最も蟹座的な方法だといえるでしょう。地球サイン蟹座が発達した人は、たいていの場合、仕事に積極的で野心的であり、休みなく企画を打ち出したりします。ときには忙しすぎて、手抜きの料理を作ったりします。

たいてい太陽サイン蟹座は、太陽サイン山羊座に依存したりすることもありますが、地球サイン山羊座があると、自分の方に実力があるので、太陽サイン山羊座を不要とします。

＊

山羊座の性質は、土の活動サインです。常に休みなく働きかけというものがあります。蟹座の場合は、常に休みなく感情が働きかけます。感情が働きかけるのではなく、具体的な行為として仕事等で働く妥協していくということが山羊座の特筆です。

したがって、気持ちでねぎらうのではなく、具体的に働きかけることができるということになります。それは蟹座にとっては、自分にはなかなかできない歯がゆいものだといえるでしょう。

蟹座の真ん中に山羊座の侵入ポイントがあります。自分の資質を何とか社会的に生かせないものか。感情過多を適切に生かした仕事はわりによく見かけます。

蟹座は夏至点です。それは暖かく内側から膨らみ、育成します。

山羊座は冬至点です。それは冷たく、固く、乾燥していて、外側から締めつけます。それは固い成果です。つまりは地球サインが手に入ることで、成果の方向づけ、あるものを育て、あるものを停止するというような選択性が現れてきます。

土に降りることができる。つまりはちゃんと着地した感じになってきます。何となく自分が曖昧で柔らかすぎているとは感じなくなります。

何か痒いところに手が届くようなものとなるでしょう。パッケージに入れられるのを待っている果物が、自分でパッケージをすることができるのです。

太陽は、あなたに地球上で山羊座の活動をするような目的を与えていました。それを思い出すべきでしょう。家を作るように会社を作るというのもよいでしょう。離婚したが仕事をよくする自営業の女性が、「自分には身分を証明するようなものがない。年も取っている。自分を社会の中ではっきりと打ち出さないと、マンションさえ借りることができない」といって、会社を作ろうとしました。これは、太陽サイン蟹座が地球サイン山羊座にシフトしようとするように見えます。山羊座もそんなに広いサインではありませんが、しかししっかりと形あるものとして、社会の中にその人を打ち出します。

山羊座の支配星は土星になります。土星は殻を作り、定期的にそれは打ち破られ、また新しく殻を作ります。これは動物の脱皮のようなものです。土星は周期を間違えて、殻を破らなくてはならないのに引き延ばす場合があります。それが失敗の原因となることはよくあります。

しかし、太陽サイン蟹座の人は、この変化に対しては敏感です。したがって、太陽サイン山羊座のように、引き延ばすことは少ないでしょう。

＊

ヘリオセントリックの図で土星がどこにあるかを探してみましょう。それがあなたの活動の柱のようなもの、常に繰り返される一つの定番的な姿勢を表します。それを元にして経歴を作り出すとよいでしょう。

土星はすべてを仕切っている「価値観の根幹」を示しています。また、土星は差別という意味もあります。価値観が決まると、その価値観の中で、上にある優れたものとそうでない下にあるものという差別感が発生します。受けつけるものと拒否するものの区別も発生します。

文章が上手かどうかが価値観の中心になると、社会的に地位がどんなに高くても、文章が下手なら、その人は地位が低いのです。こうした差別とか落差を作り出す土星は、太陽サイン蟹座の人に対して、何をするべきか、どこに向かって努力するかという方向性を与えます。あれこれと引きずられず自分の持ち場がはっきりします。

Geocentric
太陽サイン
獅子座

Heliocentric
地球サイン
水瓶座

7月23日〜8月22日生まれ

火のサインは、自分の主観的な感情を元にして考えたり思ったりするので、他者や環境からやってくるリアクションや反応については、あまり敏感ではない面があります。それにもかかわらず、周りの反応を恐れているという傾向も出てきます。自分の火のサインの力がそんなに自信がない時には、批判にさらされることで、火の力が弱められてしまうので、故意に無視している場合もあります。

獅子座のテンションは周囲と温度差があり、孤立しているからこそ強まるところがあり、他者の意志と自分の意志を等価なものとみなしてしまうと、そこで獅子座の力が一気に失われます。

火と風のサインはセットのようなもので、風は火を煽ることもできれば、また強い力で消すこともできるでしょう。つまり風のサインは、火のサインを振り回すことに慣れています。いろいろな反応を返すことで、火のサインは自分の姿勢を変えてしまうぐらいに影響を受けてしまうのです。

＊

獅子座と水瓶座という火と風のセットは、演技者と観客の関係のようなものでもあり、動脈と静脈の関係ですから切っても切れない関係にあるのです。

単純に太陽サイン獅子座であることに終始してしまうと、いつまでも外にいる風のサインの力に依存するか、あるいは振り回されてしまうかするでしょう。この場合、誰か一人の反応や感想はあまり気にしません。しかし、空気としての集団的な反応についてはとても気にするのです。

私の知っている獅子座の人は、自

分のブログに趣味の料理の写真を定期的に掲載していたそうです。それが「大評判なんですよ」と自慢げにいっていました。そのくせ「こんなことやっていていいんでしょうか」と質問していました。1年後には10冊以上も料理本を出版していました。自分で「大評判なんですよ」と自慢する裏に、評判にならなければ張り合いが失われるという不安が隠れていることになります。

牡牛座ならば評判を気にしないで、自分で「おいしい」と思ったら続けられるのです。水や土のサインは、自分の身体性とか個人的な気持ちの充実によって満足することができますから、周囲の感想がそんなに必要ありません。

しかし、火と風は身体性からはみ出して、空間に大きく拡大しようとするサインですから、形には見えない気配の援護が必要で、受け止めてくれる何かのリアクションが必要になってくるのです。そのため、飛び出すまでは自分の高揚感でできるが、その後、賞賛してもらえないのなら、どこを飛び続ければよいかわからなくなるのです。それもまた面倒くさい話です。

＊

太陽サイン獅子座の人は、太陽に向かって発展し成長していく時に、獅子座という12分の1の穴にはまってしまい、それが自分の発展の可能性だと信じ込まされているようなものですが、ある段階で行き先が不明になった時に、外にいる風のサインの人に、それとなく自分の方向を聞いたりする場合もあるかもしれませんが、それが間違ったアドバイスであれば、実に困ったことになります。

上昇していくものが限界にきた時、それは音階でいうと、シの音まで上がり、次の大台のドの音に至らない状況にいることを意味しますが、その時、助けとなるのは周囲の反応でなく、上の次元から下降してくる光です。

＊

太陽は太陽系の中で無限大の力を持っていますが、自らを、12分の1の尺度に分割して、上昇してくる太陽サインの力にふさわしいサイズで、ぶつけます。というのも、太陽そのものの力をぶつけてしまうと、上昇してくる太陽サイン獅子座の人の力が蒸発し、どこにもなくなってしまいます。自分を弱め、上がってくるものにぴったりかみ合うようなサイズで接触するのです。

つまり、それは太陽が、自らを地球サインの水瓶座という12分の1に縮小したということです。

するとすべてという視点を持ちつつ、12分の1の範囲のことも理解できるために、12分の1という制約された性質を解き放つことができるのです。太陽サイン獅子座の人は、獅子座であるということが理由で、その先に進めなくなっていたのですから、この下降してくる地球サイン水瓶座の力を取り込むことで、対消滅的に中庸バランスの状態になることができます。

一瞬無限に解放され、そしてあらためて、太陽サイン獅子座、また地球サイン水瓶座という二重的な活動ができるようになるのです。

この結果、太陽サイン獅子座が持つ周囲の人の評判を気にするという性癖が不要になってきます。太陽系の中での唯一の絶対の原理である太陽が、水瓶座を通じて、この獅子座の活動を容認するのです。自身の中のハイヤーセルフである意志が容認したところでの獅子座の活動には、無理もなく、また地上での評判という、偏見の入り交じった評価を気にする必要はないでしょう。

＊

この生まれの人は、水瓶座を生きるということが重要になるのです。獅子座は自己中心的なもので、自分の中で実感を持ちます。水瓶座はそれを最も嫌います。

太陽に向かって上昇する獅子座が、一度死に、降りてくる水瓶座の力の中で再生するというのは、一度自分の実感を捨ててしまうことから始まります。これまで最も大切にしていた、自身の中の高揚感をたよりに手探りで歩くという方法を断念することです。

自分の意思の中心からメッセージを出すことではなく、周囲の分散したさまざまな情報を集めることで、そこに自分の後天的な意思を生み出すということになります。しかし、それは特に問題はありません。なぜなら、水瓶座という風のサインの性質は、双子座や天秤座などの風のサインと違って、水瓶座11度に端的に現れているのですが、無の気配の中から情報を引き出すということに長けているからです。

＊

そもそも5度の段階で社会の中に住む人々の評判やリアクション、知識を信用することを止めてしまいました。真実の水瓶座は、見えないネットワークに自分を預けています。太陽サイン獅子座の人は、この地球サイン水瓶座の力によって再生することで、本当の意味で正しい太陽サイン獅子座の力を持つことができるようになります。

どうせ周囲の人を無視するなら、こうした水瓶座の暗闇を前にして霊感を得るという姿勢を取り込むとよいのです。自分がどうしたいかではなく、太陽から降りてくる力に、どのように望まれているのか問いかけてみるとよいでしょう。意識の重心を太陽サイン獅子座でなく、地球サイン水瓶座に移すと、最も理想的です。

もともと私は20年前に、雑誌にヘリオセントリックの記事を書いた頃には、地球サインを「裏のサイン」と説明しましたが、これは間違いです。太陽サインが裏で、地球サインが表の正当なサインです。

太陽サインは、地上を中心にした、つまりは肉体や感覚を中心点にした占星術です。これは最も短命ではかないものをご神体にするようなものです。ここでは失敗してもやり直しはありません。しかし、太陽から地球へという意図は、うまく果たせなかった場合には、まだもう一度チャレンジしたいということも許されます。この方がより恒久的で、真実のリアリティーを持つのです。

ちなみに水瓶座というのは複数の意思が共存し共同するネットワークのサインのため、太陽サイン獅子座の人は、慎重に考えてみると、たくさんの不可視の仲間がいることを発見するはずです。

私は獅子座に霊能者が多いことを、そしてこのようなタイプの人たちは最後の最後まで芝居臭いことを「江戸時代の芝居のように劇化された霊能世界」と揶揄したりしていましたが、これも思い違いかもしれません。

地球サイン水瓶座が目覚めてくると、必然的に複数の登場人物が動き回るのです。国定忠次のような、江戸時代風の田舎芝居のように見えてくるのは、それらが必要最低限の元型要素で構成されているからかもしれません。余分な登場人物がおらず、全体として一つの結晶を作り出しているのです。

霊能者のホロスコープはさまざまなバリエーションがあるので、一筋縄では読めないのですが、最も謎だったのは、獅子座の太陽のグランドトラインがある図でした。それ以外に何も兆候がないのです。しかし地球サイン水瓶座が覚醒をしている図とすると、これはあまり不思議ではないのだと思います。

＊

太陽サイン獅子座の人は、みな地球サイン水瓶座の力が動いているとはいえませんが、それを開発する可能性は常にあります。どこかで一度獅子座サインの、自己の中心で自己確認するという方式が死んでしまえば、それはよいバランスで再生できるでしょう。獅子座は獅子座であることで、可能性をブロックしているのですから、この緊張感をどこかで根源からリラックスさせる必要があります。

＊

水瓶座には具体的な拠点というものが存在しません。それはネットワーク的な集団的な意思によって、個人が生まれてくるということを表しています。そしてそれを獅子座的な表現に還元することで、外に拡大していくということになってきます。水瓶座の客観的な意思によって地球にやってきた。そして地上では、獅子座としてやりたい放題でわがままに生きる。これはまさに理想的な生き方かもしれません。

ここでは、獅子座のわがままさは、太陽の意思を忠実に守ったものだからです。地球サイン水瓶座の力が目覚めていない太陽サイン獅子座の人と違うところは、周囲の評判を気にしないところです。なぜなら、地上で評判でなくても、太陽系では評判だからです。

支配星は天王星ということになります。それは他の惑星と違い、横に寝ています。この天王星の資質が取り込まれると、太陽サイン獅子座の持つ、いっけんオリジナルに見えて実は凡庸という性質が変わっていき、真の冴えた着眼点が生かされます。

Geocentric
太陽サイン
乙女座

Heliocentric
地球サイン
魚座

8月23日〜9月22日生まれ

乙女座は土のサインです。それは目に見たものや物質的なことに意識が集中していき、それ以外の情報に関しては、カットするという性質が出てきます。乙女座サインにとっては真偽ということが重要で、曖昧でよくわからないものは存在しないものとして､取り除いていくという傾向が出てきます。

柔軟のサインは、状況に応じてフレキシブルに反応することを表していますが、この反応の軸が土のサインということになるのです。つまり、見えるものにおいては柔軟に対応するが、それ以外のことに関しては不注意になってきます。

問い質すことや批判すること、細かく見ることなど、これらの行為のためには、基準というものが必要ですが、この基準が土のサインを元にしているということになるのです。

土は肉体とか目にできるものを意味しますから、太陽サイン乙女座の性質にこだわりすぎると、経験主義的で、自分が見たもの触れたものに重きを置きすぎることになります。これは能力を作り出すのですが、同時に制限となり、この息苦しい範囲の中で生きていかねばならなくなります。

＊

誰でも､自分の性格の型を決めたいということと、反対に、型に入れられたくないという両方の欲求を持っています。地上に向かう時には、型にはまった方が社会に参加しやすいし安全です。しかし、また精神を解放したい時には、この型はどうしようもない足枷になります。どのサインの人もそうですが､「乙女座だからこうなんだよ」といわれると、とてもむかつく人もいるはずです。

今では太陽サインの性格は使い古された古い物差しで、それを持ち出すとむしろ失笑されるくらいです。私の知り合いの編集者は有名な女性誌のベテラン編集者で、20年間星占い記事を担当していましたが、小学生の娘から「自分は蟹座だけど、この本に書いてあるようなのと違う」といわれていたそうです。

私は長い間、太陽サインを重視するのは間違っていると言い続けてきましたが、それはヘリオセントリック占星術を理由にしているわけではなく、占星術では惑星は10個使うもので、ことさら太陽だけを重視するという極端な簡略化は、四柱推命の分厚い本の代わりに、「木星人」とか「火星人」とか書かれた四柱推命のごく一部の理論で作り出した簡単な小冊子で何でも決めてしまうのと同じという点からでしたが、実際、太陽に近い水星や金星が違うサインに入り、しかも太陽が孤立してアスペクトを持たないような人に、太陽サインのキャラクターを当てはめても不自然だったのです。

繰り返しになりますが、雑誌の星占い原稿を書いて生活している人は、雑誌の星占いが当たらないことを知っていますが、それを大っぴらにはいいません。

いずれにしても、乙女座は12サインの中で最も自己否定的で息苦しいサインです。そのため、さらにあなたは「乙女座だから」といわれると、ストレスは倍加するかもしれません。

乙女座の限定知覚、すなわち見えるものを正、見えないものを誤として行間を読まなくなることや、個人の防衛心の中に隠れてしまい、自分自身ではなく、自分の役割によって自己証明するという性格などは、地球サイン魚座が入り込むことで、ダムが決壊するように無効化します。

＊

乙女座と魚座では、まさに正反対のキャラクターがあります。

魚座は、空気の入り交じった水を示しています。空に浮かぶ雲とか霧は、希薄になった水で、これが魚座そのもののシンボルです。

柔軟サインの水は、接近してきたものを何でも取り込みます。自分に縁があるものないもの何でもよいのです。そのため、魚座の１度の市場というシンボルがある場所では、この世にある商品すべてを集めたメガストアが登場します。

魚座は現代の流通産業そのものです。水はくっつく。そして柔軟サインはたまたまのものを受けつける。そのため、どんなものでも来たものはみな引き寄せるのです。

それはどんな細かい印象も、拾ってくることになります。そして物質的には見えておらず、水、すなわち心理的・心霊的なところで拾ってきたものがあります。水晶透視をする前には霧が映ります。これが魚座タイムです。それから、ターゲットが絡み取られるのです。

＊

乙女座の土のサインから見ると、それは存在しなかったもの。それを魚座は拾ってくることになるので、もしここで、地球サイン魚座が入り込んできて、太陽サイン乙女座の人の上昇オクターヴにぶつけられ、キャラクターの限界性を緩和するような働きが生じると、見えないものを乙女座的に細かく識別するような資質が現れてきます。

ここで一番障壁となるのは何かというと、乙女座の土のサインとしての防衛心です。例をあげると、乙女座は身体では腸を意味しています。吸収しない栄養分は腸から外に排泄されます。

吸収するかしないかは、その人のもともと持っている目的や体質によって微妙に違います。ある人は特定の栄養や物質を吸収し、ある人はそれをとりこぼします。いずれにしても、対外に排泄したものは本人には不要です。

＊

ところが、魚座はこの乙女座が外に排泄したものを受け止めています。水と土のサインの共同関係は、土が凝固したもので、それ以外のものは水のサインが受け持ちます。凝固していないものは水のサインだからです。そのため、乙女座に魚座が近づくことは、排泄したものを逆流させることに似て、乙女座の潔癖症を確実に傷つけます。

例えば、乙女座の10度や16度などは、自分が排除したものが逆襲してくることで、乙女座は恐怖に似たショックを受けますが、たいていこれらは魚座の接近が裏にあります。

イメージでいうと、乙女座はこじんまりした清潔な子供で整った人間の形をしており、そして魚座は巨大な得体の知れない動物、蛇とか竜とかかもしれません。日本の昔話などで、乙女と竜が出てくる時に、乙女はたいてい生け贄ですが、実際には、これは表裏一体のもので、乙女の形が整うほどに、竜は化け物化します。

乙女座は形を整えるためにいらないものを排除し、魚座はメガストアを作るために、その排除したものすべてを拾って陳列するのです。

＊

どんなサインでも霊能者たる度数がありますが、乙女座の場合には、16度以後から20度くらいまで、その資質が強調されています。それは15度までに整えた人格や文明、血筋が、自分が排除してしまったものに逆襲されて崩壊し、この瓦礫の山の隙間から、無意識・超意識が垣間見えるからです。これは乙女座の防衛心が無力化された隙間に、魚座が接近するからです。

獅子座の霊能者が江戸時代の田舎芝居なのは、太陽から送られた仲間と共にそのどさ回り一座が全員で協力するからですが、壊れた乙女座の場合には、何でも引き寄せる雲、霧の魚座が関与してくることで、霊能が成り立ちます。

したがって、適用範囲は、太陽サイン獅子座／地球サイン水瓶座よりも広大で、人間的なドラマ以外のものもいくらでも許容します。魚座は取り込みすぎて、フォーマットの崩壊した怪物のため、人間ドラマでなくても平気です。シナリオ化も必要がないかもしれません。シナリオ化は統合化という意味ですが、柔軟サインの乙女座と魚座共に、この統合化という点では苦労するかもしれません。

地球サイン魚座が関与した太陽サイン乙女座の人か、それとも一方向の切符しか持たない単純な太陽サイン乙女座の人か識別するには、防衛心で閉じているか、そうでないかということだけでしょう。

そして見えるものだけを重視するか、それとも隙間から入ってくる魚座の印象を許容するかということです。脳科学の一部の流派のように、精神は脳が作り出しているとみなすか、それとも、非物質の意識があることを許容するかどうか、ということかもしれません。

地球サイン魚座の視点を取り込んだ太陽サイン乙女座の人は、ふたたび乙女座の太陽サインの力を発揮すると、霊的な躾システムであるタオの学校のようなものを作るかもしれません。

アカシックリーディングの学校を作るという事例もあります。地球サイン魚座を、地上的に根づかせるために、太陽サインの性質を利用するのです。もちろんここでは地球サインが主であり、太陽サインは従になってきます。

＊

地上の神経システムは、魚座的な霊感を受け止める台座になります。この反対のタイプ、つまり太陽サイン魚座／地球サイン乙女座の人は、地球にない教育システムを地上に持ち込もうとしますから、それは石板を持つモーゼのようになってきます。

しかし、太陽サイン魚座の人は、地球サイン乙女座が主になると、霊感を発揮することはメインの目的ではなくなってきます。むしろ知識が重要になってくるのです。太陽サイン乙女座の人は反対に、霊感を発揮していくことが重要になってくるのです。そのための地上の神経システムを構築するのです。

太陽サイン獅子座の人が地球サイン水瓶座を取り入れるには、一度心臓が止まってしまうような仮死状態体験は役立ちますが、太陽サイン乙女座の人が、地球サイン魚座の下降する光線を受け取るには、土のサインの持つ家系や立場、形あるものが崩れていく体験が役立ちます。斜陽家族の持つ能力とか、破綻した文明の中で生まれる、また乙女座が健康を意味するという点では、何らかの健康疾患が魚座接近の隙間を作りやすくします。これらはみな人格クラッシュに等しいものです。

しかしこれでないといけないという意味ではありません。おそらく現状では、結果として、そのような事例が多いというだけです。

ボーネルは、歴史書などは時の権力者の書き換えが多く、信用してはならないとこまかく難癖をつけています。

つまり、情報回路はアカシックリーディングを重視するべきであり、地上の本、つまり太陽サイン乙女座が重視してきたものは穴だらけだというのです。しかし、地球サイン魚座の情報回路がない人だったら、もちろん、地上にある本がすべてでそれが間違いかどうかはわかりません。

例えば、『古事記』の中に書いてある天照大神と建速須佐之男命《たけはやすさのおのみこと》は、実は反対だったことを、中臣鎌足の一派が現在のように改竄したのだという話も、その証拠を地上的に探さなくてはなりません。

この違いはあまりにも大きいといえるでしょう。地球サインを使うかどうかで、まるっきり人生が変わってしまいます。

＊

魚座の始まりのサインは市場というシンボルでした。乙女座の始まりのサインは強調された頭というシンボルです。つまり、魚座が用意した市場の中の一つの品物をじっと見て、その特徴が過大に評価されていくのが乙女座です。

本来、乙女座はそれ以外を見ることは拒否するのです。地球サイン魚座は、乙女座の視線にとっては、周辺の視野を取り込むということと同義語のため、細かく働くマインドを止めて、深くリラックスするということが開発に役立つでしょう。

geocentric
太陽サイン
天秤座

Heliocentric
地球サイン
牡羊座

9月23日〜10月23日生まれ

天秤座は対人関係のサインで秋分点に関係しているので、西側の力が強まり、すなわち主体性が消えて、人との関係の中に大きな力を使うサインです。

この天秤座の中の場所によっては、人との関係に肩入れする結果、相手から大きな傷を受けるという場所もあります。主に数え度数の7度や16度などです。

天秤座は秋分点から始まりますが、これは春分点と対の関係で、両方がないとバランスは壊れやすい傾向にあります。対人関係のみに依存している人は、当然のことながら地球サイン牡羊座を開発すると、ここで陰陽が中和していき、その人の独立的で、バランスの取れた生き方を獲得することになるでしょう。

この場合、太陽サイン天秤座は地上から上に上がる「進化の」流れです。地球サイン牡羊座は、太陽から地球へ、つまり上から下へと流れてくる「創造の光線の下降」です。

上の次元からくるものは春分点に。それは今まで地上にはなかった新しい動きを作り出します。そして、下の次元から上がる太陽サインは秋分点の刈り取りを表すわけですから、生み出す・受け取るという両方が、この上からと下からの作用によって、手に入ることになり、外部に依存する必要がなくなってくるのです。

＊

ギリシャの神殿のように分類すると、上昇するデュオニュソス的なものとしては天秤座で、下降するアポロン的なものとしては牡羊座となります。

太陽からの力を種蒔きの春分点で受け取り、地上からは刈り取りとして作用する構造ではあるのですが、地球サイン牡羊座が目覚めていない場合には、片翼的な作用として、地上的な働きとしての春分点で蒔かれた種を完成させることに費やされます。出来合いの既に何度も繰り返されてきたようなものを、また育てるのです。やはり何といっても重要なのは、この天秤座の人の成果を形にするという作用の元は地球サインで、太陽から春分点に持ち込まれた、新しい可能性の成果を見ることです。

混乱してしまいそうですから比較しますが、太陽サイン牡羊座の人は、春分点的な種蒔き作用は地上からの素材を利用します。それらが完成された時、地球サイン天秤座として、太陽系的な基準の中においての完成形態を持ち、あらためて、それは地上や太陽系にこだわらず、一つの生命のバランス的な表現として、自身をサンプルとかモデルケースとして提示することになります。種は地上のものを使い、畑は太陽系にあるのです。

反対に、太陽サイン天秤座の人は、種蒔きは地球サイン牡羊座でなされ、それは太陽から持ち込まれた種を、地上に持ち込み、地上的な形態としての成果を見るという意味になります。種は天上からやってきて、畑は地上にあるのです。ここでは、種が太陽から持ち込まれるのを待たないと、その種はどこか地上にあるものの流用となります。

＊

あくまで基本理論としては、「太陽サインは地上から太陽に向かう。そして途中で、12分の1という制約によって、エネルギー切れを起こす。その時に、太陽から来た地球サインの力が、その不足分を補完する」ということです。つまり太陽サイン天秤座の生まれの人は、その天秤座の性質そのものによって、身動きが取れなくなる。それは常に西側の力で、受信になり、自分から何か作り出すことはできないという制約です。創造力の源流としての春分点の力は、太陽から持ち込まれなくてはならないのですが、それは地上においてそれに似たものは多くありません。

この場合、天秤座の真ん中の度数である15.00度、つまり数え度数16度のことも参考になります。ここでは牡羊座の力が入り込んできます。天秤座がバランスを持つサインだとすると、ここに牡羊座の侵入があると、見事にバランスが崩れます。

＊

「流された船着き場」というマーク・エドマンド・ジョーンズのサビアンシンボルは、もう船が出港できなくなるくらい、陸地と海のインターフェイス部分が海の力に浸されてしまったのです。

バランスというのは適切に境界線を引くことですが、この境界線がどこに設定してよいかわからない。その後、その船の船長は陸地であれこれと思いを巡らすことに終始するようになります。

この16度では天秤座の性質のまさに反対のことが生じるので、この天秤座の人は、人と関わらなくなります。陸地で引きこもり、一人で考え事に耽るのです。遠くからさまざまなものを見ていますが、関係性の中に入りません。

そしてその後、まだ発芽していない、新しい種を育てることを決意し、そのリスクを負うことになります。まだ世の中であまり知られていない新種の活動を援護し、自分もマイナーになっていきます。

これが牡羊座の侵入というものですが、つまり、牡羊座はまだ世の中では成長しておらず、知られておらず、その可能性についても認められていないということです。それを天秤座は着目して、仲間になり、一緒に世間から白い目で見られつつ、だんだんと力を増していくことに集中するのです。

＊

太陽サイン天秤座だけだと、既に出来上がったものの中に陳列され、そこに新しい種の気配もありません。そもそも西の力ですから、周囲のものに染まり、孤立的な影の薄い新種の可能性には目を向けていないのです。地球サインの牡羊座の力は、この表通りに陳列されたままの天秤座の人を、いったん、人のいないところに引き込んで、地球サイン牡羊座としての種蒔き的な春分点の力を、受胎させることになります。

それは経歴の中で、途中停止した部分があるとか、人前に出ていない期間があるとか、肝心なバランスが壊れた時期があるとか、何か「天秤座をし続けることを止める」期間も必要ではないかと思います。

そして、新しい可能性、まだ世の中に出ていないものを自分が表現者として世の中に見せていく、その新しいモデルケースになるということもあるでしょう。もちろん、天秤座16度から20度までは、地球サインが活動するしないにかかわらず、そのスタイルを持っていますが、度数の説明やサビアンシンボルの解説は、その形のみを表しているだけです。

地球サインが重要なのは、本来太陽系においては、原初の唯一の力である太陽から発した基準を、正しく地上で、地上の畑を使い、地上の道具を持って、それを形に示して見せるということなのです。

＊

太陽は自己を分割して全惑星に下降します。この時、次元が一つ下に自己分割し、分割魂を作るというのは、一なるものが七つあるいは12に分割されることです。おそらく七つというのは時間表現であり、12というのは空間表現です。

天秤座は12サインの順番の中では7番目で、7の数字のモデルです。タロットカードならば7の数字は戦車のカードで、これは外に飛び出します。

12サインの円の中では天秤座というのは円の二分ですが、二分すなわち180度というのは前に踏み出すという意味です。環境の中に自己を割って、環境の中に踏み出すのです。

太陽としての一なるものが、プリズムの分光のように自己を七つに割って、七つの音の表現になったという意味では、その本来のスタイルを、太陽サイン天秤座／地球サイン牡羊座の人は、地上的にモデルとして形にしようとするということではないでしょうか。

この七つの基準のバランスというのがわかりにくければ、太陽それ自身に始まり、水星、金星、地球、火星、木星、土星という七つのバランス的な配合具合と考えてもよいでしょう。ばらばらではなく、互いに十分に関連づけながら、この七つの天体のどれも弱くなく、強すぎずという使い方が、生活の中で実践できるかということです。

＊

自分はどれかが得意で他のどれかの天体はあまり慣れていないので、それを誰かに託すとかすると、この七つのバランス形態としての、太陽から発した地球サイン牡羊座と太陽サイン天秤座の役割が果たされません。しかもこの惑星作用すべてに、太陽から持ち込まれた基準が必要です。そもそも太陽が自己分割して、七つの惑星になったからです。

その一方で、地上的な天秤座としてのバランスは、この基準に従っておらず、それは地上に習慣に従うだけで、例えば、権威的な土星が世の中では最も力を振るっているという時には、土星は金星を抑圧したり、水星を押しのけたりすることもあります。どれかが卓越して発達して、その分、他がダメというのは、地球サイン牡羊座／太陽サイン天秤座においては許されません。

常に正しい太陽の七つの分光は何かということを探求し続けることで、地球サイン牡羊座の力は発達してくるでしょう。その時に、基準を従来のものに求めてはならないのです。洋服を作る時に、雑誌を見て作るというのをしてはならないという意味です。種は太陽から来なくてはならないのです。

＊

数年前に、私はヘリオセントリック占星術の太陽の力について、つまりは本来の太陽の役割について、自分のサイトの雑記で書いたことがありました。すると定期的に講座をしていた三重県の会の参加者の男性が、夢を見たそうです。

彼は夢の中で「ヘリオセントリック占星術の太陽の力を教えてくれ」と私にいいました。すると、私はいきなり鳥のくちばしを彼の額に突き刺しました。そのとたんに、頭上から太陽の力が降りてきて、強い振動に満たされたといいます。また鳥のシッポが尻からはみ出したそうです。

古い時代に、額の奥には脳下垂体があり、またさらに頭の中心には松果腺があって、これが宇宙的な力を受信する器官なのだと考えられていた時代がありました。つまりヘリオセントリック占星術の太陽を受け取るには、身体性に閉じ込められ、「中世の淀んだ閉鎖的な空気に支配された」ところから脱出するために、松果腺プラス脳下垂体の力を開発する必要があるという話です。すると、頭上から太陽は照射してきます。

＊

私が思うに、松果腺が活性化すると超能力が芽生えて遠くのものが見えたり、未来がわかったりするといわれていますが、これは身体感覚を中心に考えるということから自由になるからです。私たちに遠くのものや未来のものが見えないのは、私たちが自分の感覚や肉体にしがみついているからです。すると、「いま、ここ」しかわからなくなります。これは不自然なことで、人類の退化であり、能力を開発することは開発というよりも、その能力を止めていることを止める、という意味になります。

本来の松果腺は、身体から離れた意識を育成します。また、ヨガでは身体には七つのチャクラがあるといわれていますが、これらも七つの分光であり、分光はまとめてしまうと、元の白い光に戻ります。これが夢で出てきた太陽です。

太陽サイン天秤座は、七つの力の配合のリファレンスを生き方や生活スタイル、容貌などで提示することが主な目的です。この容貌というのは、地上的な基準に従うと、それは雑誌とかテレビとかで出てくる基準になってしまいますが、必ずしもそれが正しいわけではありません。それらはみな商業的な利害に結びついた美意識を元にしているからです。

地球サイン牡羊座が加わることで、この七つの分光の元のソースを明確にすることを表します。ですから、三重県の男性の夢のように、この生まれの人は（多かれ少なかれ他のサインもそうですが）松果腺を開発して、身体性依存・感覚支配から一歩前に抜け出して、自身を太陽に対してむき出しにする必要があるでしょう。

＊

太陽サイン牡羊座の人は、地上の種を使って、特定の場所において、宇宙的な七つの素材をまとめて身体を作ります。しかし、太陽サイン天秤座の人は、太陽の種を使って地上の七つの素材をかき集めて、その「配合具合」の結果を提示するものが目的です。頭が地上にあることと頭が天上にあることの違いです。おおまかにいえば、似たり寄ったりです。なぜなら、そもそもヘリオセントリック占星術は、個々の違いを浮き彫りにして、それぞれの個別性を強調するのが目的ではなく、12分の1のサインの性質を帳消しにする方向が重要だからです。

はじめにも説明しましたが、太陽サイン天秤座／地球サイン牡羊座の人には、エネルギーソースとつつがなく連結するために、孤立や引きこもり、停止、挫折はなかなか有効です。地上の陳列台から降ろされる体験があることは一つのチャンスです。

＊

反対に、地球サインを発見していないと、地上の関係性の中に飲み込まれて、進路を見失うことになります。それはよくあるものの一つになることです。そして、これが大きな特徴ですが、地球サインが開発されると、人と関係する必要性があるとは限らないということです。人と関わる必要性を感じない天秤座というのは驚きかもしれませんが、人の意見も聞く必要がなく、むしろ活動は自己完結的になるケースも増えてきます。

しかし、現実にはこの方が開かれているのです。多くの人と関わり、意見を聞くと、狭く主観的になってしまう傾向は避けられません。これは誰でも少数の人としか関われないことも原因です。

ヘリオセントリック占星術では常に地上的閉鎖性を打ち破るのです。

Geocentric
太陽サイン
蠍座

Heliocentric
地球サイン
牡牛座

10月24日〜11月22日生まれ

太陽サイン蠍座の性質は、8番目のサインですから、受け取ることや外部にある何かと一体化してその資質を取り込み、新しい自分に生まれ変わることなどです。

もともと固定サインですから継続性が高く、また水のサインは結合することになります。つまり、結合したものと長く結びついたままになる、ということです。

1998年から2012年までの長い間海王星が水瓶座にあったために、この蠍座の資質はこの時期にかき乱され、なかなか集中できにくいという面はありましたが、2012年以後はまた元に戻り、このように強いトランスサタニアン（天王星・海王星・冥王星）が、この蠍座の執着心に水を差さない限りは、誰よりもどれよりも、強く何ものかにくっつく性質を発揮します。

とはいえ、これは太陽サイン蠍座であり、他のサインの時にも説明しましたが、太陽以外の他の惑星ならば、その惑星の示す分野において蠍座をストレートに発揮します。太陽はその蠍座の方向を目標にしつつ、その最後のところまで行き着くことはないので、目標を掲げているが、達成するとは限らないということになります。

太陽サインは地球から太陽に向かって、植物や樹木が伸びていくように向かっていきますが、地球的制約によって12分の1、つまりサインの性質に制限され、結果として太陽を誤解します。

地球的な意味での太陽となり、いわば鏡で自分を見ているだけで、決して太陽には届かないのです。そこで蠍座的な、対象に対して水・固定サインらしい結合を求めようとしますが、それは太陽サインの本来の意味である自主性や創造性、新しい価値の発掘というテーマと矛盾してきます。

自主性を発揮するために依存するというのはおかしな話です。本来の太陽的な力を発揮するなら、いっそのこと蠍座を止めた方がよいのです。しかしそんなことをいってしまっては、元も子もないので、ここでは太陽サイン蠍座の不全感を解決するには、太陽に向かおうとする上昇力に対して、真の太陽の力が下降して、それに接触するという手続きを踏むとよいのです。

＊

太陽は決して12分の1のサインに収まりきらない性質ですが、自らを分割して、12分の1という矮小化したところまで自分を分割します。それが太陽サイン蠍座にぶつけられることで、はっと夢から覚めたように、太陽サイン蠍座の人は自分を思い出すというふうになるのです。

蠍座の社会性の高いサインで、水・固定サインの性質を発揮する矛先は、人や組織、何かの分野に向かいます。地球サイン牡牛座は、これが人に向かわない傾向があります。牡牛座は土・固定サインで、端的にいえば人間の肉体です。その肉体の中に埋もれた地球的な資質や遺伝的に受け取ったもの、物質の沈着した古い文化の成果などを意味します。

例えば、ゼカリア・シッチンの話では、太古の地球に、アヌンナキという宇宙的な存在が金を求めてやってきたといいます。シュメールの石版を解読した結果です。アヌンナキの住む惑星ニビルが危機状態にあり、それを解決するには、地球にのみ産出される金が必要だとのことだったのです。このように、宇宙から地球固有の資産を求めてやってくるという話が、この地球サイン牡牛座の人を連想させます。

この生まれの人は、できるかぎり

田舎で生まれた方がメリットは大きいといえるかもしれません。都会は既に牡牛座的文化が破壊されており、どこでも同じメガストアが並んでいたりするので、違いがないのです。

食べ物は田舎料理といわれる方がおいしく見えるように、牡牛座の土の資質は、深く掘り下げていくと、長い歴史、そして強烈なエネルギーというものを持っています。

＊

地球サイン牡牛座の人、すなわち太陽サイン蠍座の人は、こうした物質の中にある潜在的な可能性を、蠍座的にあたかも外部にある未知の資質のようにみなして、それを掘り下げるのがよいのではないでしょうか。そのことで、太陽サインが持つ、地球から逃走しようとしつつそれでいて自分を取り巻くガラス玉のような閉鎖球から決して抜け出すことができずに堂々巡りすることから解放されます。

他の惑星になく地球だけにあるもの。これを目的にして、太陽は自分を分割し、地球の中に分割魂を送り込みました。まるで珍味を求めてやってきたグルメとか金を求めてやってきたアヌンナキというと、どれも例として適切ではないかもしれませんが、特有の個性を形成するために、地球的な資質は非常に重要です。

私の知り合いの例を出すと、その男性は太陽サイン蠍座の生まれです。中学生の時から十数年、イメージの中でいろりの傍に座る老人が出てきます。その老人は私が思うに、まるで牡牛座の象徴です。頑固でローカルです。これはその男性のハイヤーセルフで、またガイドの役割を持っています。

＊

古い時代の話では、修行者は山で修行します。すると、山の中である日、古老に出会います。その結果、修行が進むという話です。どんな映画でも、このようにある日知恵の象徴である古老が出現します。『スター・ウォーズ』でさえそうです。

山の上、これは地上から行くことのできる極限です。それは太陽サインの限界点です。地上から飛び出し、しかし自力ではあるところで停止するのです。そこに古老がやってくる。

これは太陽が自己分割して地球にやってきた地球サインそのものです。山の上とは太陽サインと地球サインの出会いの場所です。

ですから、その私の知り合いの男性のイメージに出てくる、いろりの傍の老人とは、その人の地球サイン牡牛座以外の何者でもありません。ということは、この人は、太陽サイン蠍座と地球サイン牡牛座が両方備わったことになり、大きな利点として、知能や性格の制限から突破できるということになります。牢獄から抜け出すことができるのです。もちろん休みなく知識が出てくる扉を開くことができるでしょう。

＊

「ハイヤーセルフ」とは、この太陽系の中では、頂点の意識レベルにある太陽のことです。私たちが地球から見ている太陽はエゴの象徴でもあるので、このことを想像するのは難しいのです。

太陽を自己分割した地球サインはハイヤーセルフの分身、あるいはハイヤーセルフの地上に映し出された絵と考えてもよいのです。太陽サインはこの接点を持てないままでいます。しかし、地球サインは太陽からそのまま降りてきたので、途中に屈折も歪曲もありません。この男性の、古風な扮装の頑固そうな老人は、牡牛座のイメージをまとって、いつもその男性と共にいるのです。

牡牛座は物質的なものですから、太陽からやってきた光線は地球に食料を求めてやってきたと考えてもよいでしょう。牡牛座は食料を食べることを意味しており、また蠍座とは、食料になることを意味しています。

そのため、太陽サイン蠍座と、地球

サイン牡牛座が一緒に備わると、食べる・食べられるというサークルが自分の中で作られます。

もし、地球サイン牡牛座を手に入れることなく、太陽サイン蠍座でとどまる人は、食料を外部に求めて得られない人であるかのように、ときにはひどく不満を抱え込んだままということがあります。むしろ太陽サイン蠍座の人の問題点のほとんどは、これで解決するような気がします。

＊

外部に必要とするものがある。これはバランスが崩れていることです。補完すればバランスが手に入るのです。そしてバランスが崩れているということは、行動や発言すべてに、不完全さが現れます。

ひどく醜い行動も出てきます。それは出来上がる手前の未完成品を見ているかのようです。

名画というのはそれ自身驚くほどの構図のバランスを持っています。単独の太陽サイン蠍座は、それ自身が不完全で至らない言動をします。しかし地球サイン牡牛座を手に入れた人も少なからずいます。

そのような人たちは、自分で自分をまとめて均衡を手に入れることができるのです。技術者や専門家としてかなり優れた達成をする人も多いでしょう。

Geocentric
太陽サイン
射手座

Heliocentric
地球サイン
双子座

11月23日〜12月21日生まれ

射手座は火のサインで、これは上昇する火ということを意味します。高揚感を高めつつ、精神は高みに向かって学校を進級するように上がっていきます。この場合、天は抽象的で地は具体的となります。できるかぎり、抽象的で精神的なことに向かいたいという意志が働きます。

これが一番極端になるのは9度で、通常の言語では理解できないものを追求しています。11度から15度も、ほとんど足場がなくなるくらいに、精神は広大で抽象的なところを漂うことになります。

射手座の手前にあるのは蠍座で、これは人と人を結びつける磁力とか象徴性を示しています。射手座はそれを道具として、踏み台にして、さまざまなものを応用的に結びつけたり推理したりしながら、発展を遂げていこうとします。

しかし太陽サインにはそれ自身に大きな制限があります。太陽系の中で太陽は唯一の中心を表しています。しかし、従来の占星術は天動説で、この太陽が1年を経て、地球の周りを1周しているように見えます。地球から見ての太陽ということです。

こうなると、地球的な制約というものがあり、これが「太陽は回っていないのに、回っているようにみなされる。そしてこの動きは12に分割されている」ということです。静止し12には分割されていないものが動き、12に分割されているようにみなされる。

そもそも射手座は拡大する精神、高度な境地に向かおうとする性質のため、制限を最も嫌います。ところが、この12分の1という制約、さらに地球的であることの限界性を与えられているのですから、太陽サイン射手座は、真の射手座を追求するというよりも、最後のところまで行くことはない、射手座風というところで留まらざるを得ないのです。マウンテンバイクが欲しかったけど、高いのでマウンテンバイク風の町乗り自転車を買いましたというようなものです。

これが真の精神性を追求しても、何かどうでもよいようなものに簡単に乗ってしまうという、重厚さを求めて軽薄になるというような性質を与えます。

他の惑星が射手座にある場合は違うのですが、太陽サインは骨の随まで、地球的な性質を捨て切れず、太陽に投影された地球を意味しますから、射手座の目的を果たすには、この限界を打破する必要があります。

＊

太陽サイン射手座の限界性を打破するのは、太陽から迎えにやってくる地球サイン双子座の性質です。太陽は限定されていませんが、自らを12分の1にダウンサイジングして、太陽サイン射手座の上昇力が力尽きそうな場所にやってきて、接ぎ木をするように接続します。

サビアンシンボルと関連づけて、射手座のサインを説明する時に、射手座の16度（15.00度）で、双子座が侵入してくるというのが私の理論です。これは射手座が進化するためですが、表向きは射手座の挫折を意味します。

たとえていえば、毎日あまりにも精神的・抽象的なことをしすぎて、気がつくと生活費がなくなり、世間との接点を失い、困った挙げ句に、自分としてはプライドが傷つくようなバイトをしてしまう、というようなものです。

哲学の勉強をしていたのに、街角でティッシュ配りをするような生活になるのです。これは射手座に行き過ぎたことが原因です。肉体は土のサイン。ところが、射手座は火のサインです。考え事は食べ物を供給してくれないというわけです。

射手座の16度のサビアンシンボルは、船の周りを飛ぶカモメというものです。射手座は火のサインのため、空を飛んでいます。しかも柔軟サインで注意力は分散しているので、これはたくさんのカモメに分裂しています。それらが船の周りを飛ぶのですが、船は双子座の象徴です。双子座は船からシンボル群が始まります。それは移動しながら、海という無意識の領域を探索します。

食べ物がなくなったので何かくださいと、カモメは船にすり寄るのです。双子座は、その手前に物質を示す牡牛座があります。そこで双子座の探索というのは、常に土を踏み台にして、何か具体的で、地上的な活動となり、横移動します。船になっても、決して飛行機とかカモメにはならないのです。

＊

土に対してひねくれた遊び方もします。それは世間ズレして、否定的な条件さえも自分に有利になるように利用する（特に24度はそれがエスカレートします）ずるい人でもあり、世間的なことをまるっきり忘れてしまった射手座からすると、すごい技を持っているように見えてきます。

つまりはこの出会いは、悪徳な商売をする人に、世間知らずの学生が安い金額でバイトをさせられるようなものですが、それでも射手座の欠陥を補います。むしろ、この双子座的な小ズルさがあった方が欠陥をよけい補うのです。それは物質を意味する牡牛座を遊ぶということです。

その後、射手座は自分の力をすぐさま回復させます。つまりどんな場所に行っても、自分はすぐに蘇ることが判明するのです。それは柔軟サインだからこそできることで、はじめは小さくなっていても、やがてはバイト先で新しい可能性を見いだすことができるのです。多くの人が引き寄せられます。

この16度の性質を考えることは、地球サインの双子座との接点を持つことの参考にもなります。というのも、サインは真ん中が折れる場所です。1本の竹を持った時に一番折りやすいのは真ん中です。つまり、射手座の最大の弱点が出てくるのは真ん中であり、この弱点というのは、反対にいえば新しい可能性が出てくる接点です。

例えば、土地の中でも強い気が働く場所というのは、なだらかなところではなく、折れ目や穴、曲がり角など、弱点が出てくる場所です。ある次元の中で最も弱い場所は次の次元との接点ができる場所です。強い場所は、こうした異なる次元の力を受けつけず、逆にはね飛ばす防衛力の強い場所です。

＊

射手座の弱点ポイントには、進化のために、双子座が接近してくるのです。原稿を書いたり論文を書いたりしている人は、しばしば行き詰まります。この時に、どう考えても無理という時に、ふと打開のきっかけを作るのは、具体的すぎるほど具体的な事例などを見ることです。具体的なものそのものは牡牛座の土ですが、それを外から観察して情報化しているのは双子座です。双子座の風のサインは、土の周りを撫でるのです。そしてまた違う対象に向かい、またその土の周りを撫でます。

これは射手座の盲点を突いてきます。どんなに優れた論文も具体的な事例がないことには頭に入ってきません。空中を漂うカモメは、ここで方向感覚を持つことができます。そして、抽象的な精神性の中に双子座の力を利用して、分類化や差異化、識別力の高まりを持ち込み、このことで射手座はもっと強いジャンプ力を手に入れます。

＊

地球サインの双子座は、火のサインのように上昇する性質はありません。横に、つまり種類の異なるものへバラエティーを持って拡大していく知性を表します。射手座は上昇と下降しかできなかったとしたら、この双子座の力を持つことで縦移動だけでなく、同時に地上的な方向性や横移動の力を手に入れます。

射手座は上昇しようとする気合いが強いために、降りることに対しては、強い抵抗感を示します。それは小さなことやどうでもよいような細部に凝ることです。スピノザのことを考えている時に、今目の前にある冷やし中華のキュウリは汚染されているのかいないのかを悩むのは矛盾しています。

射手座が抽象的な世界に飛翔しようとする時に、太陽からやってきた創造の光線は、地球に双子座方向に引き戻します。つまり、スピノザよりも、まずキュウリのことを調査しようという話になってくるのです。そして太陽サイン射手座の人は、地上に引き戻されます。

射手座の11度が密林の奥地で古代の神殿を探そうとした時に、双子座の11度は新興住宅地に引っ越ししようとします。射手座の21度が自分には到底無理な本を手に入れて必死で理解しようとした時に、双子座の21度は、有能な労働者として、会社の組織化をします。射手座は手前の蠍座を活用するので、そこにはちょっと神秘主義めいたものも入ります。

しかし双子座は手前の牡牛座を活用するので、そこでは目に見える物質以外に、何も裏がありません。げっそりするほど裏のない双子座世界に接触することで、実は、太陽サイン射手座の人は、自分の持ち場で、可能性が爆発して収拾がつかなくなることを防ぎます。

＊

射手座から見ると、一つのターゲットや学習対象は、それ自身で果てしない発展を遂げてしまう芽を持っている。しかし、双子座から見ると、一つの対象にそんな深い可能性なんてないのです。射手座は古い仏像を見たら、それに長い歴史を感じるでしょう。しかし双子座は同じ金剛仏を見ても入り込みすぎず、ちょっと冴えないからといって、とある鎌倉の寺のようにそれに鮮やかな光でライトアップするようなこともしてしまうのです。

そのため、双子座が入り込んだ射手座は、打ち止めする、ここで一段落して終了するという節目を自らの力で作り出すことができます。

地球サインが開発されることで、実際的な能力が発達してきたら、地上の世界は、さまざまな好奇心を刺激してくるような面白い場所であることがわかってきます。あまり抽象的なことを考えずに好奇心で行動することで、むしろ新しい思想や哲学などが生み出されます。

＊

そもそもは、双子座というのは呼吸する肺の作用のため、体の奥にまで浸透していく外気をもたらすのです。そして上空に行き過ぎた結果、地上的には限りなく依存的になってしまうカモメから、自身で動き回る船になることができます。

もちろん、12分の1に制限された射手座は、本来の射手座力を手に入れることができます。古い射手座の性質に支配されないことになります。

Geocentric
太陽サイン
山羊座

Heliocentric
地球サイン
蟹座

12月22日〜1月19日生まれ

太陽サイン山羊座は冬至点からスタートします。冬至点は夜が最も長く、陰の極にあり、これは冷えて硬直し、固まっていく状態を示します。支配星の土星は、外皮というものを表しています。

生物の皮膚は山羊座で内臓は蟹座です。内側から膨らむ内臓的な蟹座の力を外から締めつけて、形あるものの中に有機体をまとめていくという性質です。そのため、本来は閉じ込めるとか形の中に押し込めるという性質は、山羊座の本来性であることになります。土のサインは、もともと形のはっきりしたものにまとめていこうとするので、土星や山羊座の閉鎖や固くなるというのは、土の性質の一つであると考えられます。

結果的に、太陽サイン山羊座の人は、自分でも知らず知らずのうちに、外面的な形の中に閉じ込めようとする性質を発揮します。陽の極にあり、夏至点から始まる蟹座が柔らかい身体だとすると、それを包む制服・洋服というのはみな山羊座のシンボルです。

春分点が種蒔きで秋分点が刈り取りです。この両極を、90度の角度で蟹座方向を強調すると内側とか膨張する性質が高まり、山羊座方向を強調すると外側とか収縮性質が高まります。いずれにしても、春分点で始まり秋分点で終わるものを、夏至・冬至という陰陽の振幅でゆすぶっているという関係性です。

冬至点が減らすことやまとめること、閉じ込めることに関係するならば、何かした時に、それを増長させるのは蟹座であり、行き過ぎたものに罰を与えたり、制限を加えたりするのは山羊座です。

10番目のサインであり、10という

数字は、それまでの一桁の１から９までのサイクルを終わらせてしまうということがいえるでしょう。

＊

太陽サインは、その目的を最終的に果たすまでに力尽きてしまう性質があります。つまり、太陽を目指して成長している。しかし、太陽には行き着くことがない。それは公転する地球から見た視点であり、12分の１に制約されていて、そこから12分の１に分割されないものに至ることは自力ではできないからです。

有限なものは無限なものを理解できません。太陽サイン山羊座の人は、太陽に近づくための手段として山羊座という性質を活用しようとしていますが、しかし、山羊座という制限がある状態でそれを果たすことはできません。

この時に、太陽が自分自身を12分の１に分割した地球サイン蟹座の力が太陽からやってきて、正確に太陽サイン山羊座にぶつけられると、太陽サイン山羊座が力尽きた場所から、太陽までつながるラインができます。それは蟹座という山羊座に対して正反対のものをつきあてることで、山羊座の性質を中和することです。

蟹座と山羊座は、陰陽の極にあるために山羊座に蟹座がつきあてられるというのは、まさに陰陽という両極が混ざることで、結果としてはゼロ状態になります。硬直しようとすればするほど柔らかくなる。乾こうとすれば湿り気を与える。冷えようとすると暖めるということです。

＊

山羊座に対して蟹座が入り込むのは、管理するよりも共感をというふうに見えます。参考になるのは、山羊座の真ん中である16度（15.00度）で蟹座が入り込んでくるシーンですが、山羊座の16度の体操着を着た少年少女というサビアンシンボルを、私はよく冗談で言い換えて、丸の内に入り込んできた黄色い服を着た幼稚園児の集団などと表現します。固いところにふやふやなヒナのようなものが入り込んでくるのです。一人の人間の中でこのような事態が発生します。

その次の17度で、裸で入浴する少女とか、デーン・ルディアがいうようなヌーディストなどです。風呂は蟹座のシンボルです。それに裸も蟹座のシンボルです。ここでは山羊座は仕事着・スーツなどを意味します。

たいてい16度は寝耳の水の形で、反対のサインが入り込みますが、17度ではそれを積極的に受けつけ、自分からそこに飛び込みます。18度ではこの膨張する水を管理するために、イギリス艦隊が出てきます。

16度から蟹座の水が入り込んできて、固い土を柔らかくしたのですが、これは山羊座にとってはもちろん大きなメリットをもたらします。しかし16度は形の上では挫折です。

地球から太陽へという上昇コースにある山羊座の太陽サインに対して、太陽から地球へという下降コースは、たいてい上昇コースにある山羊座の太陽サインが、自分自身の限界を自覚し、降りてくる光線を受けつける体制にないと効率的に働きません。限界がわかっていない時には、誰も受容的になりません。無理だと思うと弱気になります。そして下降する太陽からの力を受け取ります。

したがって、太陽サイン山羊座の行為が、仕事上か何らかの理由で挫折したり、自身の欠陥を強く感じたりする時にこそ、地球サイン蟹座の力は強く働きます。それによって、急速に陰陽が中和されるのです。陰陽が中和されると自身の限界によって見えなくなっていた遠くのものが見えてきます。

＊

タロットカードの大アルカナカードでは、16番に塔というカードがあります。これはすべての有機体には殻があり、この殻は定期的に打ち破られなくてはならないという原則を表しています。蛇の脱皮でもよいでしょうし、短いサイクルでも、また大きなサイクルでも、ある時期がくるとこの殻は破れます。

シュタイナーは、この有機体を包み込む外皮は土星の作用であり、土星は自分の任期期間を引き延ばしてはならないと述べています。昔から土星のもたらす不幸というのは、自分の役割に定められた期間よりも長くその立場に残ろうとする時に起こるといわれています。

殻は破れたら、またすぐに再構築されます。殻が破れ、また作られるのは新陳代謝ですが、太陽が自己分割して降りてきた地球サイン蟹座の力は、この塔を壊す力でもあると考えてもよいかもしれません。それは内部にある蟹座の膨張力ではなく、外からやってくる雷です。

近くの制限が取り払われ、塔が覆い隠していたために、今まで見えなかったものが見えてくるという点では、地球サインの蟹座の力は能力を著しく拡大します。また、山羊座あるいは土星は鈍さを意味します。蟹座は鈍さの対極にあり、支配星の月は敏感すぎて、全く安定しないということも意味します。小さなことが気になりすぎて、もともとの目的さえ忘れてしまうという性質さえ発揮します。

＊

太陽サインの山羊座が限界にきた時に、逃げ出せる場所とは家庭であると考えてみましょう。あるいは子供っぽさです。地球から太陽に向かって逃げ出そうとしている山羊座の人を捕まえて、太陽からやってきた地球サインの光線は、地球に引き戻します。そして家庭に引き込みます。

といっても家庭は会社と同じく、集団社会です。蟹座も山羊座も集団社会を意味していますが、違いとしては、山羊座は外面的に見る、そして他人の集まりである。蟹座は内側から共感的に見る。そして同族の集まりであるということです。

集団社会ということでいえば、蟹座は民族で山羊座は国家です。国家は政治的に一つのまとまった集団ですが、しかし人為的なもので、自然な集まりではありません。蟹座は民族のため、それは輪郭がはっきりしていません。

＊

2011年以後は冥王星と天王星がスクエアになるので、それは1930年代の再来ですが、違いとしては30年代は冥王星が蟹座にあり、民族を分解して新しいユニット（牡羊座／天王星）でした。2011年以後は、冥王星は山羊座にあるので、今度は国家を分解して、新しいユニットを作るということではないでしょうか（ただし、本書を執筆しているのは、2011年5月半ばのため、わかりません）。

国家の分解というのは、少しでも輪郭が変わればもう分解です。島が一つなくなるとかでもそうだといえます。それは塔の解体です。

太陽サイン山羊座から地球サイン蟹座へ価値観がシフトすると、それは国家というものよりも、民族を重視するということもあり得るのでしょうか。

私は、自著の『死後を生きる』（アールズ出版）で、国家を信用しすぎず、むしろ、魂のクラスターを重視するべきであると主張しました。これは民族とはいえないのですが、しかし国家よりははるかに民族に近いです。魂というものがあり、これが特定の家系の中に入り込んで生まれてくるという考え方であれば、魂はそれと似た家系を探し出し、そこの中で生まれないことには、中身と外側がうまく調和的に活動できません。

＊

ボーネルは、魂と身体の気質が大変に似た、同族の家系の中で転世し続ける「ダイアード」という魂のことを説明していました。キリストやダライ・ラマはそうだというのです。この場合、魂と身体性は全く同質で、似たものというよりは同じものとして存在していなくてはなりません。

家系的に遠い昔親近性があったところに生まれてくるのが「トライアード」だとすると、全く同じ家系の中をぐるぐると生まれ続けるのがダイアードです。この場合、国家がそれを許容しなくてはなりません。国家は政治的に、勝手に民族を分断したりするので、ダイアードを滅ぼしてしまいます。

例えば、チベットに対しての中国がそういうものでしょう。チベットはダイアードの国家です。不死の人間がいるとするとそれはダイアードのため、このダイアードを滅ぼす国家は人間の不死性を否定し、何としてでも不死であることを止めさせようとします。

ボーネルの話だと、当時キリスト以外にもダイアードは存在していたが、カトリックはそのような存在を全力をかけて探し出し、絶滅させたといいます。

話を戻しますが、太陽サイン山羊座のアイデンティティーは、土のサインを中心点に置くのですから、それは見える肉体を重視し、その中に住んでいる魂を否定することを意味する場合があります。もちろん、太陽サイン山羊座の人のすべてがそうだといえるはずもありません。

太陽サイン山羊座という性質は、一個人のごく一部、それこそ20%程度のものしか表さないのです。異なるパソコンのCPUがたまたまサンディブリッジだったというようなものです。それだけで判断することはできません。

＊

地球サイン蟹座の発見は、通常の太陽サイン蟹座のであるかのようにイメージしてはなりません。それは何といっても、太陽から地球に向かってやってくる、もともとは太陽系の中では唯一の不動の太陽から分割されてやってきたものです。

それは太陽につらなるクラスターからの分割を意味します。

そのため、太陽は自分を分割する時に、惑星の数に分割したのですから、同じ根がある存在が異なる惑星、異なる時間に多数分散して入植したのです。つまり、これらは太陽家族そのものです。

肉体の衣に包まれ、孤立した固い存在である太陽サイン山羊座の人は、地球サイン蟹座からの力が突入してくる時に、国家からは離れた自分のクラスターのことを思い出し、そしてそれらはみな太陽に所属していると考えた方がよいのではないでしょうか。蟹座のため、あくまで集団性であり、「私」という個人で考えない方が近づきやすいでしょう。

＊

ジオセントリック占星術にはない、ヘリオセントリック占星術だけの特異な考え方として、地球は太陽に最も近づく近日点を蟹座13度に持っています。

つまり、地球サイン蟹座の人は、もし太陽サイン山羊座の閉じ込める性質によって、自己の本性を隠蔽されていない場合には、この蟹座の育成力に気がつくことになります。まるでこの力を奪うために、山羊座という塔があるかのようです。

太陽からやってきた創造力は、この人物に蟹座の力を通して地球に関わることを要求しています。地球サイン蟹座のことに気がつかないと、この人の本当の意味での活動力は全く機能できないのではないかと思います。

つまり、国家や外皮、形あるものに隠蔽されてはいるが、その奥に太陽の家族の共通点を持つクラスターが存在し、それを地球で育成する。

そのために山羊座の外皮という虚の器を打ち破る必要があるということです。山羊座という陰の気が支配している間は、このことを発見できません。

＊

支配星を月であるとみなすのは難しいかもしれません。ヘリオセントリック占星術では月はカウントされていないので、ここでは地球の近日点は蟹座であるということから、支配星は地球であると考えてもよい可能性はあります。

geocentric
太陽サイン
水瓶座

Heliocentric
地球サイン
獅子座

1月20日〜2月18日生まれ

太陽サインは水瓶座。これは自己のエゴということを出さずに、自分と共鳴するネットワーク的な集団の意思の集積を自分の意思にするという生き方をするサインです。

だいたい水瓶座が自分の属するネットワークを発見するのは5度くらいからで、それは目の前の社会に対する信頼感が失われるにつれて強まります。このネットワークは見えるネットワークの場合もあれば、見えない場合もあります。見えない場合には、それは共時性のものであり、実際に接触しなくても同時発生的に同じことを考えたりするような種類のものです。

本来、水瓶座は目の前の見えるものを重視する土のサインである山羊座から飛び出し、また支配星の天王星が、土地に根づかない普遍的なものへ向かう性質を持つことから、はじめから、理想を共有するネットワークに所属しようとしています。

水瓶座の後に来る魚座は、この水瓶座の持つ、特定の一つのネットワークに属することで、考え方に狭量さが出てくることを警戒して、今日の社会に対しての対立意見としてのネットワークに属するのならば、一つだけでなく複数のものを勧めたりしますが、水瓶座の場合には、この複数所属するということは難しい可能性があります。

魚座の場合には、すべてを集めるという趣旨を強く持っているために、このどれか一つということにかなり警戒するのです。

＊

ヴォルフガング・アマデウス・モーツァルトは、当時の封建社会であるカトリックの教会の区域から勝手に脱出するなど、従順ではない行動をしたために、封建社会のすべての権力者からのけ者扱いされるようになりました。結果として、横のつながりである反封建主義のフリーメーソンに助けられ、金銭的にも音楽活動においても、メーソンに大きく依存していました。メーソンがなければモーツァルトの人生はなかったというくらいです。これが典型的な前半領域にある水瓶座の特徴の一つです。

太陽サイン水瓶座は、地球から抜け出ようとする衝動です。それは地上から太陽に向かって飛び出そうとします。その手段として、水瓶座的なネットワークを使うということがあるのです。そのため、このネットワークは基本的には、今の社会を否定するような性質を持っています。

モーツァルトの属していたメーソンの上部組織はイルミナティというもので、そこの幹部である植物学者フォン・ボルンのところにモーツァルトは足しげく通いました。イルミナティは上部組織であるために、モーツァルトには参加が許されなかったのですが、モーツァルトは個人的にボルンに懐き、頻繁に訪ねていたのです。イルミナティは、ヨーロッパの封建社会を打倒し、古代エジプトの哲学を復活させようという目的の組織でした。その一部をモーツァルトは『魔笛』に組み込みました。

＊

太陽サイン水瓶座には少なからず反社会性がありますが、この反社会性を維持するために、国家など狭い範囲を超越した普遍的な哲学を持つネットワーク、ときには宗教団体に助けられる必要があるのです。

地上的価値観に対して、カウンターバランス的な力を持っていますが、実際には、太陽に向かって伸びていくために、水瓶座というサインの性質に依存すると、その限界性によって、逆に足を取られて、ある段階から前に進まなくなります。

このある段階で停止した人を助けるために、太陽からやってきた地球サイン獅子座の力は、この太陽サイン水瓶座が依存している価値観やネットワークとの関係を断ち切るか、中和するか、距離を取って薄めることを要求してきます。なぜなら、そもそも唯我独尊的な獅子座サインの要求そのものだからです。

そもそも太陽サイン水瓶座は、本人は全く気がついていないけれど、凝り固まりすぎています。この頑固さは風の固定サイン特有のもので、風のサインのため、あぶり出さないことには、日常生活の中ではあまりわからないかもしれません。何かの緊急時または重要な時にそれが表面化してきて、てこでも動かない性質を発揮します。

＊

水瓶座は静脈的、つまり多くの意思の集積によって、心臓という中心点を結果として作り出します。しかし、獅子座は動脈的、つまりまずは自分の意思があり、それが外に向かって広げられていきます。

獅子座の支配星である太陽は、太陽系の中心であり、太陽は惑星のすべてを支配しています。獅子座は、この性質を部分的に受け継ぎます。自分が惑星たちに対して一つ上の次元におらず、同列に並んでいる場合でも、自分を中心にしたがるということです。これは間違った姿勢です。

実際には、太陽が支配権を握るには、惑星全部合わせた力よりも、太陽の方がより推進力があり、惑星群すべてを支えているという現実の中で、という条件が必要です。地球サイン獅子座はこの条件を備えています。太陽が自己分割して、12分の1の獅子座になり、地球に向かってきているのです。これは太陽サイン獅子座というフェイクの中心点でなく、真の意味での中心点です。

この地球サイン獅子座の性質が、上昇する太陽サイン水瓶座の人にぶつけられた時に、すぐさま太陽サイン水瓶座の人の抵抗が始まります。それは自分を中心にしたくない、公平でありたい、多くの他者の中の一人でありたいという根性です。

＊

水瓶座16度で、いつものごとく、獅子座の侵入があります。この場合、水瓶座は獅子座的なエゴを充填され、水瓶座の持つ広い立場を利用して、獅子座のエゴを発揮します。

結果的に、それは広大な領域を手中に収め、支配権を発揮するということになります。

サビアンシンボルでは、16度は机の前のビジネスマンで、自分は手を汚すことなく、多くの装置や組織、人を操ることになります。ときには不当で行使してはならない権利であることもあります。

地球サイン獅子座が、太陽サイン水瓶座に接触してくる時の状況としてそんな事態が起こることは少ないです。ネットワークを手にしている太陽サイン水瓶座の状況のまま、地球サイン獅子座は、そのネットワークを利用して、そのまままもう一度地球に戻れといっているに等しいのです。

すると、そのネットワークに、自己中心的な意思を反映させなくてはなりません。改良するか、意見をいうか、何かしら心臓的な作用を持ち込むことになります。

地球サイン獅子座は、太陽から地球へと降りてくる分割魂の人間として、地球上でエゴを発揮して、自分で好きなように生きるということがもともとの目的でした。地上は子供の遊び場のようなものだったのです。

しかしこれをしようとしても、従来の地球上においての習慣的なエゴの発揮の仕方に汚染されてしまう可能性があったために、獅子座的に生きるということを避けてきた経緯があると思います。

限られた資源しか存在しない世界でのエゴの発揮は、他の人のものを奪うことに通じるからです。

＊

かつて歴史の中で、地球の中に閉じ込められた人々が、太陽からのより大きな自己の発現よりも、自分たちの方がはるかに価値があると主張した歴史が存在します。カトリックの教会などもその事例の一つです。これらは人々の自由を奪うための主張のように見えてきます。

この痕跡はまだ残っていますから、このような時には、真の意味での太陽的な意思の模型として、地球で自由に振る舞うということは難しいということがあったということでしょう。

この現実から逃れるには、太陽サイン水瓶座を発揮した方が楽といえます。この歪曲がないのならば、太陽から地球という分割魂の姿勢として、獅子座的に生きるのは必然です。いったん地球的なエゴを捨て、太陽との道を作り出し、そこであらためて太陽の縮小としてのエゴを再構築すれば、それは正しい地球サイン獅子座の可能性を発掘することになります。

制限された地上的な資源と可能性の中でエゴを作り出さない。むしろ無から作り出すような姿勢で、エゴの発揮をするということが大切です。この中に確実に、太陽系の中心の太陽の意思が部分的であれ、反映されています。

太陽系の太陽の力を発揮するためには、太陽サイン獅子座の人は自分の計画を捨て、地球サイン水瓶座のネットワークに自分を委ね、反対に、太陽サイン水瓶座の人は、自分のネットワークに自分の意思を放棄してしまうことを止めて、自分にとって正しくやりたい放題にするのはどういうことかを考えて、地球サイン獅子座の性質を発揮することが勧められます。

自分の好きなことをすることは、他の人にとっても好きなことをすることに通じている。この正しい姿勢での獅子座を考えましょう。無意識に獅子座を残した太陽サイン水瓶座は案外有害です。非個人的な運動の中に隠れてわがままさを果たそうとするからです。

地球サイン獅子座は、獅子座を生きることに意識的にならざるを得ません。それには有害性がなく、むしろ多くの人の中の火の力である開発力・創造力を刺激する力があります。自己表現をする練習は絶対的に必要です。創作とか、何か書くとか、練習するとよいでしょう。

支配星は太陽であることを考えてみるとよいです。これはジオセントリック占星術、あるいは習慣的に、日の出とともに出てきて、季節を作り出す太陽ではなく、太陽系の中心の太陽です。

geocentric
太陽サイン
魚座

Heliocentric
地球サイン
乙女座

2月19日〜3月20日生まれ

太陽サイン魚座は、水・柔軟のサインです。水は結合することに関係し、また柔軟サインは、決まったパターンがなく、状況に応じて柔軟に変化します。これはどんなものでも取り込むということを意味します。

サインの中では最後のため、これまでのすべてのサインをまとめて総合化しなくてはなりません。その結果、特定の価値観にこだわることなく、どんなものでもみな取り入れようとします。

これが1度の市場というシンボルに表現されています。できればこの世にあるものすべてを商品として並べたい。関連性はなくてもよいというわけです。

さらに魚座は20度以後は、世界そのものが自分の庭になってしまったので、関連性は狭い範囲で決める必要がないのです。家族的な関係もあまり重視されません。世界が庭になってしまうと、この中にあるものはみな似たようなものだからです。

同じ水のサインである蟹座や蠍座では、家族的、既に親密な関係の人を重視しますが、魚座にはこの近い・遠いという差異はあまり問題になりません。手前にある水瓶座がその親近性重視という資質を壊してしまったのです。

太陽サイン魚座の人は、魚座的な性質が原因で、太陽の意識に至ることができなくなります。これはどのサインも同じです。特定の性質や性格、特徴があると、それは太陽には程遠いのです。そのため、太陽サインは無化して、何もなくなるのが理想ですが、しかし自分でなくしたつもりでも、この12分の1フィルターはいやがおうでも働くので、自分だけが自覚しないまま、しっかり12サインのカラーに染まって生きているということになります。

そのため、近道としては、対消滅のように反対側の地球サインである乙女座をぶつけるのがよいのです。というよりも、選択肢はこれしかありません。無関心になるというのは、自分から見えなくなっただけで、中和したことにはなりません。これは臭い匂いを消すスプレーが、鼻を麻痺させることと同じです。

＊

サインの特質を薄める最も有力なサインとは、反対側にあるサインです。地球色に染まった、つまり12分の１のサインに染まった方向で、私たちは太陽に向かい、この12分の１という制限が原因で太陽に届く前に力尽きていきますが、その場所に、太陽から自分自身を12分の１に分割した地球サイン乙女座の力が降りてきます。

12分の１に分割されたところで始まった「限定意識」は、その元にある全体的なものを理解することはできません。しかし全体意識としての太陽が、自らを12分の１に制約した場合には、無から有という流れそのため、その中には無との通路があり、それを通じて太陽サインはそれ自身の性質を帳消しにし、なおかつ今度は反対に、地球サインの力が地球に届くための「案内者」として働きます。

つまり、地球から逃げ出そうとした人は、途中で太陽から来た人に出会い、太陽から来た人は地球に来たいという目的でやってきたので、地球から来た人は、その道筋を案内することができるというわけです。太陽に連れて行ってもらうという条件で、太陽から来た人を地球に案内するということができることになります。

ジオセントリック占星術は閉鎖的で、中世の淀んだ空気の中に沈んでいる世界観を持っており、特に古典派など中世に近い占星術をしている人ほど、排他性が高まります。

ヘリオセントリック占星術は、太陽系の中では無にして無限、中心軸の太陽をコアにした考え方でもあり、閉鎖性はありませんが、地球の内部の細かいことはさっぱりわかりません。そもそもここには個人という考えがあまりないのです。そこで、ジオセントリック占星術の良い面と、ヘリオセントリック占星術の良い面をハイブリッドで扱うのが一番理想的です。外人を現地に詳しいネイティヴが案内するようなものです。

昔の時代では、異界というのは常に山の上でした。そのため、山の上で異界の人と遭遇し、そのまま里まで連れてくるという印象になります。日本の記紀では、天照大神など天津神《あまつかみ》を、猿田彦《さるたひこ》という国津神《くにつかみ》が案内することが書かれています。この場合、天津神はヘリオセントリック占星術です。ジオセントリック占星術は国津神です。地上から発展する占星術は、一つしかない重すぎる月に悩まされ、個人は個人の中に埋没し身動き取れなくなっています。ヘリオセントリック占星術は、まさに事情のわからない外国人か宇宙人のようで、これが月から引き離し、もっと広範囲な意識で働くところに個人を連れて行くのです。

＊

私は最近文楽を見ましたが、これは生き別れに勘違い、悲恋など個人が個人に閉じ込められた結果、互いに時計が合わなくなって、出会えなくなったことの不幸を嘆く部分がずいぶんと多い芸能です。異様に濃い感情が表現されています。つまり月につかまりすぎた人々の悲劇を題材にしています。演芸としてはよいのですが、実生活でこれをしてくれといわれると困るでしょう。

太陽サイン魚座は地上のすべてを集めようとします。しかも行き当たりばったりです。これは確実性のないものも入ります。そもそも魚座の水・柔軟サインは、霧とか雲など、空気の入った希薄な水で、それはイメージが浮かぶ前の曖昧な気配のようなものです。それは近づいてきたものを取り込みます。物質的ではないイメージにすぎないものも、取り込み対象です。そのため魚座は、支配星が海王星ということもあって、霊能力などにも関係します。

反対に、国津神である地球サイン乙女座は、地球に近づく時に無限で透明な太陽から、12分の1に縮小して、細かいことに関心の集中する乙女座に化けつつあります。魚座が何でも集めようとして、乙女座はその中の細かいものに関心を向けつつあります。

＊

柔軟サインである双子座や乙女座、射手座、魚座は、魚座が集め、集められたものは射手座でそれぞれが異種格闘技的に戦い、双子座は一つひとつの違いを好奇心で見つめ、そして乙女座はこの中の一つにはまっていきます。そのため、柔軟サインの中で、単純で、視点が狭くなるのは乙女座のみです。「木を見て森を見ず」というのは常に乙女座の性質のことを説明しています。

乙女座の性質を考える時に、それがヘリオセントリック占星術という場合、これまで雑誌とかテレビなどで紹介されている乙女座のイメージを考えてはなりません。国津神は地上のことがわからないので、「乙女座はOLなんだ」といわれても理解できません。したがって法則的な乙女座ということを考えるべきで、「これまでの事例では、乙女座というものは……」という論法は使ってはなりません。

この乙女座の性質の中に、教育的で躾的という性質があります。教育的な性質が強硬に働くのは11度で、そこから15度までは民族主義と派閥性が出て、純粋培養的に囲い込みをします。自分の目に入るものは管理しないわけにはいかないという仕切り癖が出てきます。自分の理屈に針の穴程度の矛盾も生じてはならないのです。

＊

太陽サイン魚座の人でこの度数領域にある人の閉鎖性は、地球サイン乙女座に変わった時に、部外者以外は誰も入れない学校のような性質に変わります。またこの狭量さが打開されても（狭量さを打開するのは他ならない魚座の侵入です）21度以後、また人を訓練するような性質が再生します。

この細かくうるさい資質も地上で習得したものではなく、太陽系から持ち込んできたと考えるとよいでしょう。眠れる預言者といわれたエドガー・ケイシーは、「太陽系の学校」ということをいっていて、人はそれぞれの惑星体験をして、卒業すれば、外に行くかどうかを自分で決めることができると述べています。外との扉はアルクトゥルスだそうです。

ケイシー自身は前世で遊び人だった時があり、こういう場合、忍耐を表す土星の学習を繰り返さなくてはならないと説明しています。この場合の惑星体験とは、実際のその惑星で生まれるというよりも、その惑星の周囲に集まる集合意識とみなした方がよいでしょう。それは地球内部の生活においてももちろん影響を与えます。でないと占星術そのものが成立しません。

太陽系には、太陽系連合のようなものがあると考えてみます。それは実際に地球人のように生きている他の惑星の住民がいると考えるのは、何か不自然な気もします。ケイシー式にいうと、３次元というよりも、もっと多次元的な層があり、惑星によってそれは差異があり、火星は最も単純な次元しか持たないそうです。

太陽系連合には特有の警察組織もある。それはＭ・ドリールのいう聖白色同胞団のようなものかもしれないし、京都の鞍馬山のそもそもの御神体、サナト・クマラはその団の指導的な存在であるという話も昔はありました。リモートヴュイングの著書を持つコートニー・ブラウンは、この連合のことについて見てきたようなことをいっていますが、グルジェフにしても、エソテリックの組織があるということは説明しているし、またシュタイナーもそのようなことは説明しています。

これらについて最もおおっぴらに説明しているケイシーは、そもそも太陽サイン魚座です。そのため、ケイシーの教育癖こそ、地球サイン乙女座の性質の事例だとみなすとよいでしょう。ケイシーのことを太陽サイン魚座で説明しようとしても、表層的なことしか触れることができません。しかし本人の言そのものを取り上げて、太陽系連合から来た躾人であり、地球サイン乙女座の人であるというのは、一番わかりやすいのではないかと思います。ケイシー自身はアルクトゥルスの住人と述べていますから、アルクトゥルスから太陽系に出向してきた躾人と考えるとよいわけです。

＊

魚座には軍隊的なイメージを持つサビアンシンボルが多いのですが、これは太陽から地球へという流れの中でのアカシックレコードの片鱗ではないでしょうか。警察ないし軍隊というものがここには大きく関与しているのではないかと思います。

この流れが確実に形成された時には、知識というのは、太陽系ネットワークからもたらされます。特に地上においての書物は、中世の暗黒の時代からの閉鎖されたジオセントリック的世界観の檻の中で書かれたものが多いので、内容としては歪曲されている面があります。

地球サイン乙女座が開発された、太陽サイン魚座の人は、正しい知識ということにひどくこだわります。正しい知識によって書かれた本というのは、アレクサンドリアで焼失したのです。以後、たいていの場合、この知識のルートは、地上から作られるジオセントリック的な頭脳の使い方に偏るので、全くというわけではないのですが、太陽系宇宙の知恵というものが入りにくいといえるでしょう。有限から発展したものには、もう自力で進めない限界点があるのです。そこから先は、上空からやってきたものの助けを借りる以外に手段はないのです。

＊

このかつては使われていた回路を取り戻す必要があります。そのためには、太陽、水星、金星、地球へと分割されてくるルートを再発見することでしょう。今の時代以後、このルートが非常に重要なのです。

そして、自分がどこに所属しているのか、思い出しましょう。乙女座は派閥や種族主義、家系主義です。これは太陽系においての家族主義です。それが判明すると、地球サイン魚座という誤った自己イメージを打ち破って、宇宙的な統制と秩序、その中の歯車としての自分という、地球サイン乙女座を発見することになります。この段階で、歩き方一つ、呼吸の一つ、考え方の一つというものもすべて、大きな螺旋の環の中で動くものとして、逸脱しない生き方が見つかるでしょう。そのことにやや神経質です。大きな宇宙と連結し、この中の歯車として生きるということを守ろうとします。

支配星は海王星から水星に転換します。魚座の時には海王星。そして乙女座は水星です。海王星がサーチしていたことの回答が水星からやってきます。実はこのサインの人には、知識というものが最も大切であるというのが特徴です。地球に教えにやってきたと考えてもよいのですが、それは天津神の側面であり、それを忘れている太陽サイン魚座の人には、想像がつかないでしょう。

III

ヘリオセントリックリーディング

Heliocentric Reading

1 ホロスコープを作成する前に

シンプルなホロスコープが特徴
惑星のノードと近日点と遠日点が追加

ヘリオセントリック占星術のホロスコープでは、太陽の代わりに地球を配置します。この場合、ホロスコープの中心には太陽が置かれており、惑星はすべてこの周囲を回転している状態です。実際には軌道の距離の比率で同心円を描くのがよいかもしれませんが、それでは空白の無駄が増えます。

ジオセントリック占星術には存在していたハウスもなくなり、また惑星の逆行は存在しません。かなりシンプルなものになりますが、反対に、ジオセントリック占星術では使っていなかった尺度が新しく加わります。この代表的なものが、惑星のノードの位置の影響と、それぞれの惑星の公転軌道が正円ではなく楕円であるために太陽に近くなった場所である近日点、太陽から一番遠い場である遠日点が加わることです。もちろん黄緯も使います。それぞれの惑星の意味もジオセントリック占星術とは微妙に違います。これは地上的な体験との照合関係が少ないからです。

Heliocentric Reading

2 惑星のノード

惑星のノードを理解するために月のノードを少し参考にしてみる

　ジオセントリック占星術では、月のノードがよく使われます。時代の変化をこのノードの推移と重ねて考えるのがシュメール時代からの伝統でした。

「月のノード」とは、月の軌道である白道と太陽の通り道である黄道が交差した場所をいいます。太陽の通り道というのは、地球の公転の平面を意味していますから、実際には、月のノードは地球の公転の面に対して、月の公転のプレートが接触した位置を表します。

　別々に動いているかのように見える月の軌道と地球の軌道が、緯度で重なるので、これは月の普遍的な影響、つまり月の軌道のプレートの影響がそこに持ち込まれると考えるとよいのです。

　いつも使う12サインは黄道に割り当てられた番地です。月も惑星もすべて位置を識別するためには、この12サインのどこに当たるか考えて、そこから惑星や月の及ぼす影響の違いを推理したりしますが、月がこのノードの位置に来た時には、月はサインという横位置だけでなく、さらに緯度の縦位置でも重なるので、太陽、月、地球が一直線に並んだかのように見えてきます。つまり月食や日食です。この時、いつもの月よりももっと強く月の影響が入り込んできます。

ヘリオセントリック占星術の特徴の一つ 月ではなく惑星のノードを活用する

黄緯は地球の公転面の天球上への投影である黄道を0度、地球の公転面に垂直な方向を90度とみなします。黄緯が+90度となる位置は「黄道北極」、黄緯が−90度となる位置は「黄道南極」と呼ばれています。

地球の歳差運動による天の北極、天の南極の天球上でのゆらぎの運動は黄道北極・黄道南極を中心とする円運動と認識されます。古代の韓国は、この天球図を元にして社会の構造を作り出していました。王は北極星だったのです。この図は奈良県のキトラ古墳などにも残されていました。

ヘリオセントリック占星術は太陽を中心に見ます。地球公転で作られる黄道に対して、それぞれ異なる惑星は、異なる角度で黄道を持っていることになります。つまり、惑星はみな地球と太陽の関係である黄道にぴったり重なっているわけでもないし、また正確な円でもなく楕円の公転軌道で動いています。

地球の公転軌道である黄道に対して、あたかも月のノードのように惑星の軌道が重なる場所を「惑星のノード」と呼びます。

月のノードは18年で12サインを1回転しますが、惑星のノードは百年で1度程度しか動きません。ということは、3000年で一つのサインを移動し終わるというところです。そのため、これは歴史の推移・変化などにも関係しているのではないかと思われます。

ジオセントリック占星術は、個人の肉体的な存在性を最大限重視した体系のため、個人の寿命よりも長い時期のことはほとんど考慮に入れられることはありません。ヘリオセントリック占星術の場合には、個人の肉体的な生存よりももう少し視点の大きなところから考えますから、長いスパンのものをもっと考えてもよいのではないかと思います。

惑星のノードは、地球と太陽が作る平面をゼロ基準にして、上がるところが「ノースノード」で、下がるところが「サウスノード」となります。

公転プレートを円とみなすことで惑星を三つの視点で考えることができる

私たちは、惑星の移動をもちろん重視していますが、少し視点を変えてみてもよいのではないかと思います。つまり、惑星はその公転軌道のプレートの上を移動しています。惑星は、特定の時間にある場所にあります。しかしすべての時間という面で考えてみれば、惑星がどこにあるのかということよりも、この公転のプレートそのものが、惑星の時間を超えた普遍的な影響の円だと考えてもよいわけです。

惑星の点描を全部結びつけてしまうと、非時間的な領域では惑星とはこの円の輪郭部分です。そして特定の時間に存在する点としての惑星は、このケーキの中の一部、特定の時間に切り取られた制限版だということです。つまりプレートが優位にあり、惑星はその下のサブの位置にあります。

次に、横回転しているものは、その円全体を一つの次元とみなした時に、それに対して90度の角度で上下にあるものを次の次元のものと想定します。横波に対して縦波は推進力となります。横波を日々の日常とした時に、この日々の日常が繰り返されつつ、少しずつ改善されていくことは、縦波の方向性です。

このことは以下の三つの次元で考えることができます。

① 惑星のポイント

特定の時間のピンポイントです。

② 惑星の公転の軌道

惑星を非時間的にした普遍的な惑星の影響です。もちろんここで12サインの区別がなくなっています。つまり12サインすべてを統合化したものです。

③ 惑星の黄緯運動（ジャンプ）

横回転である12サインの動きよりも一つ次元が上にあるものです。

縦ジャンプ運動は「12サイン次元を全部統合化した大きな視点の上に、さらに推進力を発揮しようとした力」ということになり、それは12サイン上で動いている視点からは伺い知れない、より高度な動きです。12サイン上で動いている視点は、永遠に12サインの中で生起する出来事に関心を奪われています。

惑星はすべて太陽が支配している軸の周囲を動いていますから、この中で上下運動をしてもそれは太陽を超えることはなく、メリーゴーランドの馬が上下運動をしているかのように見えてきます。

太陽から見ると、そんなに大きな動きではなく、何やらあがいている感じです。しかしそれでも12サインを移動する機械的な運動に対して、もう一つ上の視点、より客観的な視点が働いていると考えてもよいのです。

物理学的なもので考えると、電磁波などの横波に対して、4次元的な光を超えた速度のものは縦波として運動し、これが全体を統轄するパイロット波として機能します。横波というのは常にその世界しか見えないのです。

そう考えたのならば、惑星のノードは重要な切り替え点です。それはたまたま、地球と太陽の関わりの平面に対して、その惑星プレートが干渉してきた場所で、その惑星プレートが示す意味が大きく関与してきます。

さらに、この惑星のプレートの中で、とりわけ惑星がそのノードに重なった時には、特定の時間にこのプレートの影響が焦点化してきたということになるのです。つまりピンポイントとしての惑星に、惑星プレートの普遍的な力が大きくのしかかるのです。

まずは惑星の軌道のプレートが重要であり、この中で時間的な制限をした、より小さなピンポイントが惑星ということを意識しましょう。それはプレートの力を、サインで考えるなら12分の1、度数で考えるなら360分の1という具合に小さくしたものです。

金星プレートの中で、金星はその中の凝固した一部です。しかし全時間という観点からすると、金星は惑星として機能しておらず、金星という皿があるのです。これは何かをぐるぐると振り回していると、全体として円に見えるというものと同じです。テレビは映像が連続的に映っているように見えますが、細かくいえば、走査線が忙しく動き、細かいドットが休みなく点滅しているにすぎません。

金星プレートは金星をぐるぐると振り回していますが、金星は金星円に従属していて、主役は金星プレートであり、決して金星ではないのです。

私たちは地球の赤道の延長の天の赤道に、太陽の通り道である黄道が交差したところを春分点・秋分点とします。そこには、地球活動に対して、太陽の力が盛大に入り込む場所だといえます。そのために地上では、この春分の時の太陽の光の通り道をレイラインにするくらいです。あくまで地球の赤道面を主役にしてしまえば、これは太陽のノードです。

日の出・日没も地平線に対して、太陽の軌道が交差してきた場所です。占星術ではこのように座標と座標が重なるところは互いの影響が混じり合い、一つの座標から見ると、異質な違うものが流入してくると考えます。

種類の違う惑星が違う惑星のノードに乗った時の意味

見えるものを重視するという占星術の一面を考えると、実在する惑星がある場所の方が、実在しない感受点であるノードよりも重要に見えてきますが、これは実在する惑星を３次元的な影響、実在しない感受点を４次元的な影響（非時間的というか、普遍時間）とみなすことも可能です。

ヘリオセントリック占星術では複数の惑星のノードを使いますが、ここを違う惑星が通過することをリーディングしますから、意味を整理する必要があります。

例えば、月のノードは無意識の密接なつながりを表します。トランシットの月のノードにトランシットの火星が重なり、私の出生図の７ハウスのところに来た時、男性のライターの人が電話をかけてきて話をしたいといいました。カフェで話をしましたが、その人は２時間して帰りました。何の会合だったのか私にはわかりませんでした。ただ話をしただけです。

月のノードはあまり意識的ではない結びつき、そして火星は男性ですから、これが適切な事例です。違う惑星とのアスペクトができたら、それをさらに発展させることもできたでしょう。

これと同じ理屈で、特定の惑星円のノードに違う惑星が来た時には、どういう意味が働くか考えましょう。

金星のノードは、金星が快楽や欲求、物質的な楽しみ、具現化欲求などの意味を持つとすると、まず金星円はそれらを非時間的なところで、普遍的に維持している性質です。そして金星はその力を特定の時間の中にピンポイントで持ち込むピックアップです。惑星が持ち込まないのならば、それは４次元的に留まったままです。

主体は金星でなく金星プレートです。この金星プレートの持つ普遍的な性質が、太陽と地球の関係である平面に割り込んできたところが、金星のノードです。金星の持つ普遍的な意味が、地球活動の中に持ち込まれるポイントだということです。

太陽と地球の平面がゼロ状態としての水準線だとします。というのも、私たちは地球に住んでいるので、この太陽と地球の、すなわち地球円が私たちの場です。12分の1のサインは、この円を12に切ったピザのように制限したものです。私たちは12分の1のところに意識を持っているので、この12全部を統合化したものを意識の上に上がらせることはできません。

この水準線の、つまり「上下運動としてはゼロの」水面に惑星円が接触しており、異なる惑星は、異なるプレートを移動しながら、黄経としてはこのノードの位置をかすめていくと、その惑星の作用の管轄範囲でノードの意味が活性化します。

金星のノースノードは楽しみや具現化、ビジュアル化の欲求を、意識的に目覚めさせ喚起する（ノースノード）のですが、それが水星の合によってなされるのならば、知性や言葉などの分野でそれを引き出すことになります。金星的な好みを言語で表現するのです。

水星はそれを拾って言葉にし、また好奇心を抱き、放送するのです。金星のサウスノードは保守的な方向に転化します。それは本能的で、またずっと続いてきた習慣の中に、過去の資産に埋没するのです。金星プレートは、そこから地下に入っていきます。

サウスノードを「カルマ」と呼び ノースノードを「ダルマ」と呼ぶ

ノースノードは意識化し、気づきをもたらし、また新しい方向へと向けることを意味します。サウスノードは本能的、無意識の領域へと埋め込み、また古いものへと関心が戻ります。何の考えもなく、その力に飲み込まれていくということもあります。

月のノードを参考にすると、月のノースノードは新しい結びつきを求めて、どんどん拡大します。拡大しすぎて、結果として、個人は一つの肉体しかないので、何らかの破綻的なことを引き起こすことも想定します。安請け合いで、何でも結びつきを作ってしまうのです。古本が好きな人は、古本をどんどん予約し、気がつくと破産するというような場合もあります。

月のサウスノードは、もう十分にこなれており、知り抜いているので、本人は飽きています。しかし、新規なチャレンジをしたくない場合、また不安な場合には、これまで作ってきた地盤に依存するという意味で、サウスノードに戻ります。それは慣れているので、努力が必要ないのです。

ノースノードはやる気を刺激しますが、慣れていないので失敗もあります。しかしサウスノードは使い古してきたので、失敗は少ない。ただし、ここに依存しすぎると、人生はあまり楽しくないということになります。

惑星のノードはほとんど動かないので、時代によって、特定のサインの印象をも作り出していくと考えてもよいのではないでしょうか。12サインは、元は12のロゴスで作られた、リライトブルのアカシックレコード盤の一部とみなします。基本的な意味はありますが、そこに多くの人々の経験が次々と書き込まれ、時代によって雰囲気が変わってきます。12サインの印象は時代によって思いのほか、早い変化をします。

そこを惑星が通過する時、惑星の方が受容体となってその印象を吸い込みます。これは惑星をピックアップ、読み取り・書き込み装置と考えてもよいわけです。それは非時間的な情報を、惑星がかき回し、特定の時間の中に落とすのです。

セドウィックは、サウスノードを「カルマ」と呼び、ノースノードを「ダルマ」と呼んでいます。その点では、ノースノードは無意識に埋め込まれたサウスノードの影響を意識的な局面に引きずり出すということになります。意識してしまえば、変化しないわけにはいきません。

意識するとはそこで再構成することです。私たちは、記憶をそのまま維持することはほとんどありません。思い出したとたんに、思い出したということが原因で、記憶を再編集します。脳の作用としても、記憶がそのまま維持されることはなく、思い出す都度、それはあらためて作られているといわれています。

以下に西暦2000年時の惑星のノースノードとサウスノードの位置を掲載します。「18° 20'」とあるのは、18度20分という意味です。

惑星	ノースノード	サウスノード	位置
水星	牡牛座	蠍座	18° 20′
金星	双子座	射手座	16° 40′
火星	牡牛座	蠍座	19° 33′
木星	蟹座	山羊座	10° 29′
土星	蟹座	山羊座	23° 38′
天王星	双子座	射手座	13° 59′
海王星	獅子座	水瓶座	11° 47′
冥王星	蟹座	山羊座	20° 17′

ここでは、牡牛座の数え度数19度と20度に、それぞれ水星と火星のノースノードがあります。また双子座の17度と14度に、それぞれ金星と天王星のノースノードがあります。

蟹座には木星、土星、冥王星の三つのノードがあります。特に20度近辺に土星と冥王星のノースノードがあるのです。

今日の時代には、「普遍的な」水星や火星の「意識的な」力は、牡牛座の性質を帯びているということになります。しかし長い間そうならば、誰もそのカラーとか特性を意識することはありません。ずっとそうなら、それは無色透明だからです。

このように説明すると、今日の時代は経済主義の時代のため、知性にしても商売に関係しやすく、火星の意欲も結局は儲かることに邁進するとやる気になると見る人もいるかもしれません。しかし、この牡牛座の度数域は、あまり物質的な領域ではありません。商売的な売り買いは11度から15度あたりがメインで、16度以後になると、哲学的になります。これは牡牛座の示す身体性の潜在力を引き出すことが主眼の度数域で、売り買いに重きを置きすぎているわけではないのです。

自身の民族的・身体的資質をもっと深く掘り下げ、ここから知恵を引き出す領域です。その意味では経験的な知性である、自分の身体に共鳴しないものは理解できないという狭さはあります。しかしこれを私たちは批判することも評価することもできません。そういう使い方ではなかった時代に居合わせていなかったからです。

出生図で、特定の惑星がどこかの惑星ノードに接触すると、それは普遍的な力ですから、極めて強力な力を帯びることになります。既に説明したように、惑星プレートは、12サインのすべてを統合化した水準にあり、その惑星の普遍性を兼ね備えているからです。その力が、通過する惑星の作用にのしかかり、惑星はあたかも鉱脈を突き当てたかのように元気になり、その惑星プレートの力に突き動かされます。

ノードは、個人にはあまりある力のため、その惑星は多くの人に影響を与えるような作用を持つことになるでしょう。これは例えば、ジオセントリック占星術で、金星と月のノードが重なった漫画家は、金星が示す若い人々に広く人気をもたれやすいということを参考にしてみてください。

ただし惑星のノードは月のノードよりも息が長いので、より底深い集団的な影響力で、月のノードほどには気楽ではありません。オーブ（許容度）はほとんどなしで考えた方がよいのですが、３度程度は無効ではないと考えます。

Heliocentric Reading

3 8惑星の意味と近日点・遠日点

惑星が最も太陽に近づく場所を「近日点」
最も遠い場所を「遠日点」と呼ぶ

惑星の公転軌道は正確な円ではありません。これは楕円を描いており、太陽に近づく場所を「近日点」。最も遠い場所を「遠日点」といいます。

ジオセントリック占星術のリリスを例に挙げてみましょう。「リリス」は月の軌道の中で、地球に最も遠ざかる遠地点（アポジー）のことを示しています。太陽・月・地球という３組を父・母・子と考えてみます。創造の原理は１－２－３という具合で、能動－受動－中和と続きますが、振動密度においては、これは１－３－２の順番になります。太陽があり、地球があり、月があるということです。実際には、太陽と惑星の間に全惑星があります。また地球と月の間に全月があります。

月が地球に最も遠ざかるというのは、結果としての３、惑星の地球に遠ざかるのですから、子供から遠い母という意味になります。つまりは物質的な成果に落とさず、2という数字原理の中に留まることを表します。

月が非物質のエーテル体、動物磁気、気の領域のものだとすると、太陽の力を受胎した月は、その成果を物質的な子供に産み落とすことなく、気の領域の中に留めておく、あるいは物質的な成果の地球から距離のあるところ、曖昧なところで留めておくことになります。

結果的に、これは地球という物質世界に支配されすぎていない要素を表します。しばしばそれは精神の世界に向かう時には、案内者となります。形になっていない欲求とは、ときには禁忌的なものを意味しますが、そもそもリリスを邪悪なイメージで見たのはキリスト教だけで、本来はバビロニアの大地母神です。

例えば、リリスが集団社会参加を表すMCとかICに近いと、集団社会において、今日の明文化された立場に落ち着ききらない姿勢を意味します。結果的に何となく怪しい人になるのですが、リリスはそもそも月で留まり地球に降りてこない性質ですから、地球的な環境の中で落ち着ききった立場というものを嫌うのです。

太陽の力に対して従順な近日点
惑星自身の主張を強く出すのが遠日点

惑星の近日点と遠日点ですが、近日点は太陽の力をより強く受け止め、また太陽に反抗的でなく従順であるポイントといえます。その反対に、遠日点は太陽から遠く、太陽に対してやや反抗的な、つまり惑星それ自身の主張を強めている場所だといえます。

遠日点は太陽から遠く、寒く、太陽の統合力が不足しており、そうなると、その不足分を補う必要を感じることとなり、地上活動で積極的に人を集めたり、何か活動をしたり、ある種の「飢え」感覚を持っていることになります。一方で近日点は満足しています。

セドウィックはさらに、近日点と遠日点の中間ポイントを切り替え点としています。これは近日点が惑星の速度が速く、遠日点は速度が遅いのですが、この速い・遅いというのを切り替えるターニングポイントだからです。車でいえば、ギアを切り替えているようなものです。裏・表、公認・非公認などの分岐点と考えてもよいかもしれません。

太陽に近い惑星は恵まれていて、いわば育ちのよい家で育ったような印象で考えてみても面白いかもしれません。ただし怠けるわけにはいかず、太陽の要求をこなさなくてはならないので、緻密な作用をします。遠日点は親の恩恵の少ない場所で、逆に意欲を刺激されます。しかし宇宙の外の暗闇の脅威にさらされており、孤独感に責め苛まれている場合もあります。

以下に西暦2000年の、近日点と遠日点のサインを掲載します。ノードと違い百年に1度という移動はしません。惑星によって違います。

惑星	近日点	遠日点	位置
水星	双子座	射手座	17° 26′
金星	獅子座	水瓶座	11° 11′
地球	蟹座	山羊座	12° 56′
火星	魚座	乙女座	06° 25′
木星	牡羊座	天秤座	15° 32′
土星	双子座	射手座	29° 38′
天王星	乙女座	魚座	20° 33′
海王星	牡牛座	蠍座	07° 06′
冥王星	蠍座	牡牛座	14° 03′

それでは、次項からそれぞれの惑星の意味を解説していきます。

水星

MERCURY

惑星の自転は、その惑星自身の持つアイデンティティーを意味します。つまり自分を軸にして価値を生み出しています。一方で公転とは、太陽の周りを回ることですから、それは太陽に依存し、自分独自の価値観ではないのです。

惑星は公転によって太陽に依存し、自転によって自分の独自の意義を強調しようとします。すべての天体は、太陽も含め「上に向かって月であり、下に向かって太陽である」という点からすると、惑星は公転周期において月になろうとしていて、自転周期において、太陽になろうとしているとたとえてもよいでしょう。自転は自分で遊べるものを探すという意味でもあります。

しかし水星は、自転運動が不完全です。それでなくても、水星は太陽から数えて、はじめの惑星です。それはまだ太陽から分離しきれておらず、惑星になることに戸惑っていると考えてもよいでしょう。そこから「太陽の伝令者」ともいえるのですが、水星が惑星としては不完全であるということに、利点と欠陥があります。

＊

水星は88日で12サインを回り終わるので、公転周期は3ヵ月かからないことになります。だいたい1日に4度6分ほどの速度で進行します。月がそもそも1日に平均12度移動するので、水星はその3分の1前後くらいという、そうとうに速い惑星だということになります。

ヘリオセントリック占星術では、月を使わない代わりに、水星がそれに少し類似した使われ方をするのではないかと思います。ただし地球の周りを回る月でなく、太陽の周りを回る水星ということが重要です。

それは、太陽から始まりの惑星のため、太陽という絶体の無が、細かい意識作用に分割される時のはじめの、最も重要な「分割方向づけ」に関係します。黄緯は激しく上下するために、より重要な二極性を表しています。

＊

太陽を1の数字だとすると、水星は2の数字になり、光の当たる場所と影になる場所の陰影が生まれ、ただいるということから、何か活動する、仕事する、生きる目的を見つける、キャラクターが作られ始めるという、活動する方向性を考え始めることになります。

太陽の意識が惑星に自己分割されるということは、意識的な領域と無意識になってしまった領域が生まれなくてはなりません。つまり、自己同一化する部分と他のものとして自己同一化しないものに分かれていくのです。

水星の自立性を意味する自転がまだあまり明確でないというのは、公転と自転の比率は2：3のため、一つの公転では水星のすべてに太陽の光が行き渡らないということにあります。

太陽を一つの全体的な意識とした時に、惑星はそれを公転して1回転する時間で、すべてを受け取ります。たとえれば、太陽が一瞬で考えたことを、地球は1年かけて太陽の周りを回って、やっと理解したということになります。太陽が一瞬で考えた時間、地球はその同じ一瞬には何一つ理解しておらず、太陽に比較すると、次元がそうとうに低くなり、また分割されすぎて、鈍重な意識で働いているということです。この理屈で、水星は、1回の公転では、太陽の力を十分に受け止めきれていないのです。

そのため、太陽の光を、水星が全部受け取るのに水星の3年がかかるのです。これはだいたい平均で264日です。なおかつこれは太陽を受け取るという意味であり、発信する太陽と、それを受け取る惑星では、情報に大きな落差があります。しかし惑星は太陽ではないので、それを受け取るということしかできません。そして自分の小さな範囲で太陽を模写することで、自分の範囲で太陽の意識を体感的に理解します。

そのためには与える立場を体験するために、太陽が複数の惑星を持つように､惑星は七つの月が必要だということになります。地球においてはその再現はできないということです。

３回も公転しなくては太陽をトレースできないということは、水星の無知や眠り、意識が制限された状態を如実に表します。水星は大きな偏りを作り出します。そのことで個人の活動というものが生まれてきます。影の領域は、水星にとっては重要です。

＊

「原初の影」というのが、水星の重要な役割でもあり、それは､見捨てられた､追いやられたものであり、これは怒りにも似ています。親から引き離された子供のようなものでもあるのかもしれません。３回の公転が必要だということは、３分の２が失われていると考えてもよいのかもしれません。

ちなみに太陽の自己分割とは、いくつかの部品に分かれた時に、そのうちの一つだけを自分とみなし、他を自分には関係ないものとして放逐しますが、その闇の中に沈めてしまうということです。カバラでは、神は自分の楽しみのために自分を分割し、闇の中に沈めたと書かれています。そうすれば、一体化のプロセスはそのままドラマになります。

ヘリオセントリック占星術の水星ははじめの分割の惑星ということで、その人の人生の方向づけや、太陽系生活においてのその人の職業、役割、突出した能力、それを支える逆像としての暗闇です。反対の意味のものを抑圧することで、ある特定の性質や突出したものが浮き彫りになるという理屈です。知識は無知に支えられているのです。

地上的なジオセントリック占星術では、水星はより地上的な役割の中で限定されています。知性や学習能力、移動すること、神経、職業などです。しかしヘリオセントリック占星術では、太陽という全体的な意識のはじめの分割そのため、もっと広範な意味を持ち、人生の方向性を作り出すということになります。私個人は水星をあたかも1ハウスであるかのようにみなしています。

まずは水星のプレートを着目します。これはノースノードから上がり、サウスノードから沈んでいきます。水星のノースノードは目覚めを表し、サウスノードは認識の眠りです。

ここを水星あるいは他の惑星が通過した時に、水星のプレート、すなわち「認識化」の作用が働きます。水星のノースノードは牡牛座の19度にあり、サウスノードは蠍座の19度です。（数え度数）牡牛座のこの領域は、商売などにはあまり関心を持たず、自分自身の資質の中に眠るものを使って認識化・知識化します。

＊

サビアンシンボルでは、牡牛座の19度は新しく形成される大陸という意味があり、知覚意識の新規な浮上、これまでは漠然とした不満が、ここで次第に明確に考え方や認識の方法として上がってきます。もちろん牡牛座ですから、身体の中から、自分の体験として、自己知識として知恵が始まります。その後、この領域の近くでは、精神的な指導者などが出現します。

これをヘリオセントリック占星術の枠組みの中での、水星のノースノードと結びつけるのは興味深いでしょう。

反対に、蠍座の19度は、聞いてはしゃべるオウムです。これは認識が上がってくるのではなく、むしろ無意識への埋め込みです。オウムは聞いたことを繰り返しますが、しかし意味を理解していません。眠りの中・無意識の中に、印象が刷り込まれて、それは自動的に動くことになります。ノードは百年で１度程度移動しますから、この位置が少しずつ移動します。今の時代は、とりあえず、このポイントに大きな意義があるということになります。

＊

近日点は双子座の18度にあり、遠日点は射手座の18度にあります。この二つの点を行ったり来たりするサイクルは44日です。興味は振り子のように、双子座に近づいた時には、身近なもので内的なものとなり、また射手座に近づいた時には、自分に無関係な題材に関心を抱き、中心意識の太陽から遠ざかり、より偶然的で無意味なものに関心を抱くようになります。

太陽が遠ざかり、また公転速度も遅くなることで、反対に、この惑星作用は統合化したり、意識的にまとめたり、必要なものを集めなくてはならないという衝動に迫られることになりますが、それには大きな努力が必要です。惑星は太陽が遠ざかるので、惑星の作用の孤立が始まり、すると反対に、それらを意識的に引き寄せるという力を使わなくてはならないと思うのです。

あなたのヘリオセントリックの水星を見てください。これまでの水星の意味や知性、学習、職業（乙女座の支配星）などを考慮に入れ、なおかつさらに重要な人生の「切り分け」、つまり方向づけを水星から考えます。そのために、無意識化・無知の領域が作られます。水星ではそれを忘却の彼方に放置します。この分割は金星になると諦めて、その限定された方向での楽しみなどを追求することになります。

またその力を増減させる時期は、ヘリオセントリック占星術のトランシットの動きで考えてください。ジオセントリック占星術の時のように、太陽、金星とあまり離れないということもありません。

金星
Venus

ヘリオセントリック占星術は、太陽から惑星への降下の道筋、すなわち創造の光線の下降を表したものです。太陽の力は地球に届く前に、水星の軌道、金星の軌道を通過します。これらは惑星がそこにあると考えるよりも、同心円の輪があり、地球の円に達するまでに、水星の輪、金星の輪があると考えるのです。

数の原理を考えてみましょう。太陽を１の数字とすると、水星は２の選択、金星は３の運動化と生産性、地球は４で着地・安定化を示します。続く火星は５で跳躍や遊び、実験性。木星は６で応用性。土星は７でこれは落差のある２点の間を七つに階層化すること。天王星は８で構造化となり、海王星は９の総合化といえます。

この場合、寸法としては、火星と木星の間の小惑星帯に惑星があると矛盾は少ないのですが、惑星は存在しないのです。太陽系には多数の惑星がある可能性があり、占星術で使われている惑星はそのうちの一部です。しかし、これに問題があるわけではありません。

多数の中の任意の惑星を決まった数で選ぶことが重要で、その選択を人類が共有することが大切です。そこで集団意識は成り立つからです。そのため、一つ他のものを増やすと、今までのものが一つ減るという具合です。現状では、今使われている惑星で十分だといえるでしょう。

地球の４の両側を囲んでいるのは、金星の３と火星の５です。パワースポットの本（『パワースポットがわかる本』説話社）の中で、私はこれを水の御霊と火の御霊というふうに、神道の言葉で説明しました。

日本語の漢字では「水」というのは、外に六つの突起があり六角形です。また「火」は、五つの突起があり、五角形です。六角形は三角形が二つ組合わさったもので、3と6は同族と考えられています。

＊

ヨハネス・ケプラーの考え方では、地球の軌道に外接し、金星に内接する図形は、正二十面体で、これは1面が三角形です。火星の軌道に内接し、地球に内接する図形は、正十二面体で、これは1面が五角形です。

内接しているというのは、この図形の平面の部分が接触します。外接するというのは、この図形の頂点の部分が接触します。つまり内側では面が、外側では点が接触します。面が日常の状態だとすると、点は、ターニングポイントのような役割を担っています。また面に接触している時、面の側としてはそれを受け入れるという姿勢で取り込みますが、頂点に接触しているものに対しては、ノズルの先のように、鋭く能動的に働きかけます。

例えば、金星と地球の関係で考えると、金星は正二十面体の中にある20個の三角形の面の中心に軌道が接触します。すると、この図形としては、金星の力を内側で受け取ります。また三角形のそれぞれの頂点が、地球の軌道に接触します。すると図形としては、そこに自身を能動的に刻みこむことになります。金星から吸収したものを地球に刻み込むのですが、この伝達のスタイルが正二十面体であるということです。

地球の球体の軌道に対して、正二十面体の中にある20個の三角形は、一つで考えると、それぞれ三つの点を、地球の球体に刻み込むということは、地球の内部では、土地に正三角形の位置を決めると、そこに金星の力が入り込むという相似形の現象が起きます。

これを惑星グリッドの一つとみなして、つまり金星と地球の間の幾何図形の投影図として考えてもよいと思います。

この金星と地球の関係と同じものを、今度は地球は火星との間を、正十二面体で伝達します。この場合、正十二面体の中にある図形は五角形です。

＊

地球から見ると、太陽の通路として隣にあるのは金星です。また、太陽系の外からやってくる力が太陽に流れ込んでくる代理は火星です。地球は、この金星と火星の交流の場としても活用されます。内的なものを持ち込む金星。外界の力を取り入れる火星。もちろん火星は、遠くは反太陽の力としてのオールトの海からの力を取り入れる代理人として、金星とは反する性質を持っています。金星が太陽に対して順応的なら、火星は対立的。これらは地球から見れば相対的にそのように見える、という条件の上での話です。

地球を一つのゼロ状態の基準点とみなした時に、そこに隣り合わせの金星と火星は、地球の内部の活動に、内的・外的という振り幅を作り出しているといえます。

火星のイメージは、地球から見ると暗闇的で、侵略的です。これをシュタイナーの考えに基づき、私は地球に入り込んできたアーリマン的な力と考えます。物質の原理を精神よりも重視する。また金星はそれに対立するルシファー的なものとみなします。柔らかく精神的・霊的なものを重視します。

ジオセントリック占星術では、地上にあるものによって影響を考えますから、金星は楽しみや快楽、物品、芸術、女性などの意味があります。火星は行動や男性などの意味があります。しかし、これはヘリオセントリック占星術では違いが出てきます。地球内部においては金星と火星はジェンダーに関わりますが、ヘリオセントリック占星術ではまだそれが成立していません。ジェンダーは地球内部においての特有の性質です。

金星
VENUS

ジオセントリック占星術では、金星は物欲とか快楽、感覚的なものを楽しむというような意味が出てきますが、ヘリオセントリック占星術ではそれは少し違ってきます。

地上にあるものをヘリオセントリック占星術の金星は知らないのです。地上の性質にまみれていない金星というのが、ヘリオセントリック占星術の金星だからです。

仏陀が金星を見て悟りを得たという時、これはヘリオセントリック占星術での太陽の運び屋としての金星の役割であり、ジオセントリック占星術の快楽的な金星の意味ではありません。

このように金星が太陽との道筋を作るというのは、特に金星食で起こりやすいのですから、最近では2012年にそのような現象が起こることになります。

地球よりも、太陽の力が多く含まれているのが金星と考えるとよいのです。楽しみは地上の感覚的なものから来るよりも、内部にある太陽の成分から来ると考えてみるとよいでしょう。

それでも、もちろん金星は欲する力や欲望に関係しているのは明らかです。地上に存在するものを引き寄せる欲求ではないのですが、地球を通して火星に引き寄せられるので、金星は地球を通じて、その性質を失っていくと考えてもよいでしょう。

金星を象徴とする、地上の３点を結ぶ力のラインなども含む三角形は、生産性とか作り出すというシンボルで、タロットカードでは３の数字は女帝のカードとして表現されています。

その生産性を通じて満足感を得るということですが、例えばジオセントリック占星術の金星のように地上の既存の物質とか金銭、ときには対人関係などによって満足を得るということができる人は、地球内部に取り込まれた金星、つまり地球から見た金星という範囲に収まっています。

＊

その一方で、ヘリオセントリック占星術の金星は太陽からやってきて、そして地球に接近してくるといえます。このヘリオセントリック的な金星は、実は、地上のどんなものを持ってきても満足することはありません。

感じることや喜ぶこと、楽しむこと。これらが、地上のものによって刺激されきることがない場合、物質的なことや対人関係性によって依存する価値観というものを一度捨てて、楽しみの再構築が必要です。外的なものによって作る自分ではないものを見つけ出す必要があります。ただし、精神的な意味での自己ということではありません。

金星は精神的な自己の確立を示していません。これは全惑星意識のテーマであり、ここでは金星という惑星意識でありつつ、なおかつ、太陽からやってきた「金星降臨」という形式のため、外的なものによらない快楽や楽しみ、喜びなどを抱く回路が作られていく必要があります。これがヘリオセントリック占星術の金星なのです。

これはその人の魂の特徴がそのまま響く現象を見いだした時に、共鳴作用のように金星が働きます。例えば、音楽に感動する人は、その時に自身の金星が振動します。それは音楽が原因ではなく、音楽を通じて自分の中の魂がその性質を発露したということです。

＊

私たちの楽しみ回路はしばしば身体の感覚と結びついていて、おいしい食べ物を食べた時に感じる快楽は、身体感覚である味覚と直結しています。しかしヘリオセントリック占星術の金星はそうではありません。それは感覚に直結しておらず、魂に直結しています。回路が反対なのです。

このジオセントリック占星術の金星とヘリオセントリック占星術の金星の違いとしては、楽しいものや快楽を感じるものに夢中になった時に、ジオセントリック占星術の金星は、感覚的なものや身体性への縛りつけをし、その人はますます分割魂に分裂していきます。快楽によってその人は落ちていくのです。しかし、ヘリオセントリック占星術の金星の場合、快楽や楽しみはもともとの太陽から来たもののため、それは感じるほどに自己への一体化を促します。

このヘリオセントリック占星術の金星は、地球上で自分の活動場所を打ち立てるには、何かしら不安定で足場がありません。その時に、地球を通して、自分の裏側にある火星に引き寄せられます。それはより固くて重い素材です。それが未消化な場合、金星は地球に縛られ、そこから抜け出せなくなります。しかし反対に、地球においての安定した足場を作り出すことができるようになります。

＊

火星は金星に緊張をもたらします。火星は金星にとって透過できない固い素材です。しかしこれによって、まるでアメーバのような柔らかい半透明の生き物は骨を持ち、だんだんと固い外皮を持つことができるようになります。ルシファー的なものは、アーリマン的なものの比率を増やすと固くなり、本来の性質を失います。これらは加減の問題です。

例えば、男女の性的な関係は、実際の相手を必要とするという衝動はジオセントリック占星術の金星の本性です。ヘリオセントリック占星術の金星は、回路が太陽からやってきているので、そして太陽とは多数の惑星を一体化させたもののため、相手も外部投影されておらず、内部にあるものとみなされるので、金星においては相手を実際に要求しません。

物質的な金星はジオセントリック占星術の金星であり、非物質的金星はヘリオセントリック占星術の金星であるといえるでしょう。しかしそれでも感じて、楽しみを持ち、満足を得るという回路がヘリオセントリック金星の特有の性質です。

＊

ジオセントリック占星術の金星と組み合わせで考えてみます。外部に楽しみを見いだす回路はジオセントリック占星術の金星です。自己の内部から生まれ、外部に必要としない、自らの行動によって発生する楽しみはヘリオセントリック占星術の金星です。ジオセントリック占星術には地球との回路があります。ヘリオセントリック占星術には太陽との回路があります。

セドウィックの解説には「その人を幸福にできる他人はいない。これはヘリオセントリック的な金星の配置によって知られるようになる。その人は、自己満足の感覚を内的に生み出すための責任を受け入れ、その個人をすでに取り囲んでいる満足を企図する。自己実現の前にこれを実感できる人はいない。」とあります。

あなたの衝動の中に次の要素を産みつけます。地球から見て金星は充足で火星は不満です。火星は地球よりも太陽に遠い。そのため、それは太陽が欠落している。それを求めようとする。金星はそれを供給できる。供給できるものにとって、不足を感じているものを求める。

したがって、金星と火星のアスペクトは、火星が不足で金星が充当というふうに見てもよい可能性もあります。この陰陽めいたコントラストは、地球上でのみ成立する相対的なものです。つまり地球をゼロ地点と考えた場合に成立します。

＊

金星プレートの太陽・地球面に接触する金星ノースノードは、魂が必要とするものを意識化します。しかしこれはほとんど位置を移動しないので、サインとしては全人類が共有しているものです。これは双子座の16度40分前後にあり、数え度数としては17度です。

サビアンシンボルでは若者の頭が

変容するという意味合いです。知識が情念へ、情念が知識へということです。射手座の影響によって自分の許容範囲を超えてしまい、結果として流動化した双子座は、この部分では、知識が欲求を作り出したり、欲求が自己知識を作り出したりします。

ノースノードは常に気づき、そのため、無意識に抱いていたものが、ここでひょっこりと意識に上がってくるのです。ただし流動的な場所なので、欲望と知識が常に位置を変えてしまい、固定的なものとならないので、どんなものでもやっていると、それが楽しみや快楽へと変化し、魂の要求のように思えてきます。双子座の柔軟サインの特質が、端的に現れてしまうのです。

＊

射手座の17度のサウスノードは、意識的な欲求が本能的なものへと埋め込みをします。そもそも射手座ですから、さまざまな欲求が満載です。いろいろなことに気が散ると考えてもよいかもしれません。太陽と地球の関係においての平面の床下に入り込むのです。そして古い時代の習慣とか歴史の記憶なども関わります。おそらく、考える前に躾られた歴史上のものとして、金星イメージである救済や宗教、女神的なイメージなどに関係し、それらに本能的に反応する回路です。なぜなら、射手座は宗教性とか精神性に関係するからです。1700年前から、射手座に入ったというわけです。

金星の力を通じての覚醒とは、金星のノースノードに関係することですが、百年に1度移動するということは、1600年から1700年前には、ノースノードは牡牛座にあったことになります。牡牛座は大地を表し、これは「大地母神的な」金星イメージをもたらすのではないでしょうか。

その後、西暦300年とか400年前後に、この大地母神的なイメージは、双子座という風・柔軟サインに移動しました。つまり、大地母神は「空気の中に逃げた」のです。双子座というのは従属しないものや逃げ続けるもの、不毛な戦いという意味もあります。

＊

かつて大地母神であり、1700年前前後に空気の中に逃げる不毛な存在に変化したものといえば、バビロニアの大地母神であり創造神であったが、キリスト教が支配する世界になってから、空気の中に潜む存在に変わったリリスが挙げられます。キリスト教世界ではこれは覚醒を促すものではありません。もともと中世の教会は、「太陽でさえもが教会の周りを回る」天動説、すなわちジオセントリック占星術の思想ですから、地球（教会）には従うことのない金星、ないしは金星ノードについては好ましくは見なかったのかもしれません。

近日点は獅子座の12度にあり、これは目立つことや面白さ、好奇心を刺激するような表現の中で、金星はより太陽の力を強めます。もし何らかの天体がここにあれば、その惑星の活動分野を通じて、金星のプレートも加速して強力な力が盛り込まれることになります。

水瓶座の12度に遠日点があります。人々から遠ざかり、所有することを諦め、すべてに対して超然とする中で、むしろ金星の力を引き寄せます。あたかも、リリスであるかのように考えてみるとよいでしょう。それは人を引き寄せます。

2012年6月のビーナストランシットはサウスノード、射手座の17度で、地球、金星、太陽が直線になるということです。金星の意味する具現化や物質的な楽しみ、自分のものとは限らない物欲、欲求に向かうことなど、その楽しみを通じて太陽の通路が開くのです。これは、金星を通しての太陽という意味です。またそれはサウスノードですから、古来から存在する本能的に埋め込まれた宗教的なイメージにおいての金星の象徴性を浮き彫りにします。それは日本では弁財天などに託されています。射手座ですから物欲などというよりも宗教性や思想性、精神性として発揮されることになります。

＊

正しい物質的な生活の基準をヘリオセントリック占星術の金星の位置で推理してみましょう。ジオセントリック占星術は地上の欲望に埋もれ、ヘリオセントリック占星術は外部的なものに依存しないで快楽や楽しみ、調和的なものを見いだす力です。

例えば、射手座に金星がある人がいました。この人はサウスノードに重なっている場所です。つまり、2012年のビーナストランシットと同じ場所です。金星の力は拡大する力を持っていて、多くの人に影響力を発揮します。この場合、宗教的な高揚感に強い楽しみを見いだし、身体的にもそこに反応します。そしてサウスノードですから、伝統の中にそれを裏書きするようなものがあります。古い遺跡などを探索するのも楽しみになります。

ヘリオセントリック占星術の金星は奪うことのない与える作用の金星ですから、誰かに助けてもらわなくてはならないということはありません。

火星
MARS

火星はもともと攻撃性を意味する惑星ですが、この鋭い力は、限定された方向へ興味を絞り込み、その方向への集中力を高めることで得ることができます。つまりは、リラックスして意識の焦点をぼかすということとは反対に、特定の関心の方向へと緊張していくことを意味します。

火星は地球よりも外にあるので、地球よりも太陽の力から飛び出してオールトの海、すなわち未知の膨大なゴミ置き場に向かっていることを表しています。太陽が太陽系内部においては唯一の原理とみなした時に、これらは惑星に次々と自己分割を起こしていきますが、地球が私たちの平均的な存在状態だとすると、それよりもさらに太陽から遠ざかり、外に向かおうとするのが火星です。

火星は外の力を帯びつつ、すなわち太陽の力に反する太陽の中に暗い影を落とすようなものを持ち込んで、それを地球にフィードバックしてきます。金星はそれを緩和させようとします。

火星の意味は従来のジオセントリック占星術のものと似ていて、行動性や攻撃性、緊張、物質的な方向での防衛力、個人の力を強めるなどを意味します。

＊

ノースノードは牡牛座の20度にあり、サウスノードは蠍座の20度にあります。

自身の資質の中にあるものに深入りし、つまりは物質資源の中に入り込み、そこから新しい価値を引き出そうとします。これらはみな個性化の方向だともいえます。もし個性化でなく、万人に共通のものに行き着くためならば、この身体性とか物質性という、地域や時期によって異なる差別化された性質の中に深入りして、そこから特徴的なものを引き出すことはしなくなります。

逆にサウスノードは、無意識化された本能的なものを意味しますが、これは蠍座という水のサインで一体化を促すので、個別性を取り払う方向に向かっています。水星のノードも火星に近いところにあるので、知性と人生の方向づけの水星、また積極的な行動性の火星も、牡牛座という物質的や地域的、個別的なものによって、個性的なものを目覚めとみなしているということになります。牡牛座は多くの人と共鳴しないで個人ということを強めていきます。

ノードは百年に１度程度の速度で進むので、火星ノードは2000年前くらいに牡牛座的に入ったことになります。そしてノードは多くの人に共有されたもののため、地球人類全員が2000年前から、火星の勢いと目覚めを獲得するのに、牡牛座的な物質性や身体性、個別性というものに向かっていたことになります。また水星も近いので、知性の目覚めという意味においてもそうです。

水星のノードが働く時には、火星のノードも同時に働きます。物質の獲得にこの二つの天体が大きな力をふるっています。また他の惑星がこの位置に近い場合には、個人の潜在的な資質を発掘するという牡牛座の20度近辺の力を刺激しつつ、その惑星の力が強まっていくことを表します。

＊

セドウィックは、不動産や経済、経済的コントロール、あらゆる形態の所有、核兵器、地下資源などに火星のノードを関連づけています。否定的な火星の押しの力が働く時には、蠍座の南のノードを防衛的な態度に向かわせます。

他者のものを奪うという蠍座的な性質が防衛と結びついています。もちろん防衛力においては核兵器なども重要な鍵になっているのはいまだに変わりません。これは防衛のために相手を滅ぼすという威嚇です。

蠍座は他者のものを奪うという形で出ることもありますが、牡牛座は余分な資源の消費に走らず、自身の持つものを最大限に効率的に生かすという可能性も示唆しています。

百年に1度の速度で移動するということは、例えば、あなたの何らかの惑星が、牡牛座の20度よりも前にあった時には、その時代の文化とか性質に共鳴するということも考えてもよいでしょう。

つまり、ノードは時代性でもあるので、今日牡牛座の20度にあるということは、1500年代ならば牡牛座の15度近辺に該当しますし、西暦の始まりは牡牛座の1度近いところにあることです。ここでは単に合で重なるだけでなく、トラインやスクエアなどのアスペクトもそれに関係することを考えましょう。

＊

火星の近日点は魚座の7度で、遠日点は乙女座の7度です。ノードは地球と太陽の平面に、火星の力が参加してくる場所を示していましたが、近日点と遠日点は、火星の軌道のうち太陽に接近して、火星の性質そのものが太陽に迎合的になるところと、今度は火星が太陽から遠ざかり、孤立的で寒く暗いものになる違いを示しています。つまりノードは火星の性質を変えることはないのですが、近日点・遠日点は火星の性質を変えてしまいます。

近日点になると魚座の7度ですから、啓示とか直観などによって火星の力が活性化し、また大きなものに委ねようとする性質が強まります。この大きなものに委ねるということと火星を結びつけると、国家に価値を託す軍隊もこの領域に関係します。

反対に、遠日点では孤立している実感から誘惑すること、依存を逆手に利用したり、工作したりする性質が現れます。細部に入り込み、些細なことに力を捧げることで本末転倒的なものになる場合もありますが、遠日点は不足を行動によって補うので、太陽の恩恵が少なくなる分、その欠乏感が活動性を促します。魚座が集団的なものに近づくなら、乙女座の遠日点は個人の活動が強くなります。

＊

ジオセントリック占星術の火星とヘリオセントリック占星術の火星を比較してみましょう。水星や金星のように内惑星ではないので、極端に違うことはないのですが、しかしそれでも、サインが違うことが多いはずです。

ジオセントリック占星術の火星は、地球という感覚、肉体の目から見た火星であり、それは手元にあるものを活用し、また物質的な意味での攻撃性や行動力などに関係しています。この火星の持つ防衛力はもっぱら身体を守ることに使われています。

しかしヘリオセントリック占星術においては、太陽の力が分割されて、それが野心的で挑戦的なものに変わっていくことを表します。太陽から太陽系の外へ向かっています。したがって、未知のエネルギーを開発することになりますが、それはしばしば荒れています。

ジオセントリック占星術の火星が今の自分を守るための戦いであるとすると、ヘリオセントリック占星術の火星は、新しい燃料を持ち込むための戦いと考えてもよいでしょう。しかしそれは強い活力を引き出す鉱脈です。

今の生活を守るためにはジオセントリック占星術の火星を考え、また新しい素材を探索して活力をもっとたくさん引き出すにはヘリオセントリック占星術の火星の場所を発掘しましょう。

木星
JUPITER

太陽から見ると木星は6番目の惑星です。6の数字を考えると、応用や要求に応えるなどの意味があります。

三角形はその鏡像としての三角形を引き出し六角形になります。つまり、自分の創造原理の三角形は、さまざまな場所に自分の似姿を見るということなのです。

火星で新たな野望で広げたものは、木星の段階で、もっと広範囲にわたって、いろいろな分野に応用的に拡張されていきます。

それは水星や金星のような内惑星ではないのですが、そもそも金星は3の数字ですから、この金星のバリエーションと考えてもよい面もあるでしょう。

内惑星ではないという点で内的に存在するものではなく、外的に存在するものの中に、自分にフィットするものをたくさん探索するのです。

＊

木星のノースノードは蟹座の11度、サウスノードは山羊座の11度です。蟹座も山羊座も集団社会性を表し、11度はその中で新規の、言い換えると、あまり公認されていない狭い範囲の社会性を表します。

現代では、このような狭い社会性や人の集まりの中に、ヘリオセントリック的な意味での木星作用の拡大があります。

また木星の近日点は牡羊座の16度、遠日点は天秤座の16度で、これはオーブを広く取ると、ノードにスクエアです。

近日点と遠日点のミッドポイントは、速度切り換えのポイントでもあり、そこでノードの力が引き出された時に、同時にそれは取り組み方の急速な変化を促し、比較的複雑な影響がこのノードの場所にかかっていると考える向きもあります。

＊

土星も冥王星も蟹座にノースノードがあります。ヘリオセントリック占星術では蟹座が重視され、蟹座においては多くの変化とか、また強い思い入れが出てきます。木星や土星、冥王星という重たい天体が多いという点では蟹座は、軽快な手軽なものではなく、ずっしりと重いのです。当然、蟹座の意味する集団性に関係します。

これは見えない集団性や家族または民族、魂のグループなどです。もしこの集団性が見える集団性ということであれば、会社や組織、地域社会などの山羊座の示すものであり、ここでは三つものサウスノードがあることになり、また山羊座そのものがサウスノードの示すように、防衛的や保守的、本能的、懐古趣味になりがちだということになります。

木星のノースノードは蟹座の11度で、木星的な発展においての縁のあるものを引き寄せます。蟹座は水・活動サインですから、仲間と見ると同化しようとしますが、11度ですから、古い権威とか、ずっと続く習慣的な価値に対しては批判的で、自分が感じたところで共感するものを引き寄せ、集団化しようとします。しかし集団化は新しく独自に感じたことを元にするとそんなに人は集まりませんから、この蟹座の11度の集団性は、比較的少ない人数で構成されることになります。それこそ新興バンドのファンクラブのようなものです。

いずれにしても木星の増加力は、物質的な増加でなく、共感の増加・仲間の増加です。山羊座のサウスノードは、自分たちの権利、権威を守るための閉鎖的な集団ですが、同時に山羊座の11度の性質を帯びてきますから、何かしら高級指向で、自分たちは特別に選ばれているというような実感を抱くことになります。

江戸時代などには講《こう》などがあった

と思いますが、それはサウスノードがもっと前の度数にある時代であり、その地域に住んでいないと入れませんでした。

2000年であれば地域社会の集まりでなく、地域から離れたエリート集団としての閉鎖的な集まりです。現代では木星ノードは、部外者を入れない純度の高さに重きを置いていることになります。

＊

セドウィックは、「蟹座を考えると、強い基盤の方向性として、おそらく家庭を基盤とするであろうことが推奨される。蟹座の類型にあてはまる内的な環境の一つの解釈は、個人のエネルギーのオーラの空間を定義する。このオーラは、チャクラの内なる配列（または、配列の欠如)、もしくは交換のパターンを代替しながら相互に作用する内なるエネルギーの細胞に起因する。改めて、その内なる木星の作用は外的な支援の条件を作り出すことが主流となる。人間は、内側から癒し、鎮めなくてはならない。オーラのバランスを整えたり癒すことのできる人は自分の仕事の効果が個人の内なる統合性に拠っているということを明らかにすることになる。」ということを書いています。

蟹座の場合には夏至点ですから、それは内臓的で、内側から発育し外に向かって爆発する傾向にあります。反対の山羊座は冬至点で、外側から締めつけ、蟹座の力の輪郭を生み出します。閉鎖的な集まりという山羊座の性質は、蟹座の力を外から締めつけるので、その分、蟹座の力は内的に集中度を増すことになります。

木星は内惑星でなく、火星から外にある惑星ですから、現象としては、多数の閉鎖的な集団を作り出すことになります。つまり、たくさんの素材に産みつけるのです。

ノースノードとサウスノードの連合が、蟹座と山羊座の6度から10度までの間にある500年間は、既に説明したように、それぞれの土地に結びついたところでの狭い集団化を意味しました。およそ西暦1500年から1900年代の半ばくらいまでです。その後土地や場所からは離れて、能力とか興味の方向によって集まる閉鎖的集団化が重視されることになります。

＊

セドウィックは、「木星の近日点は、牡羊座的な正反対の極性—自己をより重視することを、個人に勧める。再度、木星的な気づきは個人の解釈の問題であり、解釈する者がいるのと同じだけ多くの解釈が存在するということが、強調すべき要請である。正しい人も間違っている人もいない。ある人が他人と比べてより正しいことも、より間違っていることもない。木星は、牡羊座の原動力が暗示することが可能なもののように、近日点に個人化を要求する。

天秤座における木星の遠日点は、ある人間が経験することのできる、類似した気質を伴う一対一の親密な交流へと定期的に身を隠すことの必要性を作り出す。占星術的に天秤座でしばしば起きる問題の現象は、類似性のバランスが無視されることである。これは積極的な性質の再度の強制を妨害したり、不必要な対立を成立させたりする。天秤座の原動力は、その支援の探求において、最悪の状況下では、和解するための知覚を変え、他人の解釈や深淵に従うことを可能にする。その木星の否定面は、このようにして内面化が暗示されるときに外面化を伴って兆候を示すのである。木星の遠日点としての天秤座の探求はこれらに類似する信念や精神的発展の再治療を要求する。」と述べています。

内的な動機に基づく集団性の発生、すなわち木星のノースノードと、外的に守る保守性を持つ集団性である木星のサウスノードの間に、近日点と遠日点が関与することでこれらが生成されたり、消滅したり、再構築されたりする作用が加速していることを意味しているでしょう。

今日であれば、この集団性にはインターネットとかEメールのシステムなども深く関わっています。多数出来上がりますが、どれが正しいともいえないのです。

＊

木星は発展や増加、分岐などを表しますが、ジオセントリック占星術の木星は、これまで通り、地球上から見た個人の感覚性・身体性という利害に基づくところでの拡大です。また、木星はしばしば幸運の天体といわれていますが、そのような意味は、もともとはそんなに強いわけではありません。幸運でないものでも増やしてしまう性質があるからです。

ヘリオセントリック占星術の木星は、太陽の統合化能力を緩くしたところでの、バラエティーのある応用的な発展や、もう説明したような多数化です。増えるという意味では変わりはありません。

ノースノードは11度になった段階で、土地・地域性から離れて目的能力などによって集団化する方向に向かい、なおかつそこには新しい社会の実験性が含まれていますから、やや排他的・批判的な性質を帯びていますが、寂しいから集まるという要素を含んではいません。今後ますます集団化はローカル性から離れるのです。

土星
Saturn

土星は7番目の惑星です。6番目の木星が果てしなく拡大していき、増長していくことに終わりがないので、土星でそれを打ち止めにしようということになります。

土星は太陽の力を停止させる節目です。もちろん、太陽の力は土星によって止まることはありません。その後も外に拡大します。しかし、土星は一つの節目を作り出し、ここで人生の一つの区切りの輪郭を作り出します。土星は落差や行き止まり、節目などを生み出します。

これは冬至点から始まる陰の極の山羊座と関係しています。土星は山羊座の支配星です。どんな有機体も、その有機体の輪郭というものが必要です。固い皮とか殻などがないと、その有機体はすぐに死んでしまいます。そのため土星は乾いた、寒い、固い、硬直した外皮を作り出し、外界との落差を生み出します。

7の数字というのは差別化があり、落差のある2点の間を移動する性質があります。また2点の落差は差別ということも生み出しますから、これが悪く働くと偏見や古い因習、区分けが破れないこと、壁を作り出すなどになります。融通性がなく、閉鎖的で、頑固で、新しいものを受けつけないというのも土星ということになるのです。

土星は太陽の力をいったんそこで堰き止めます。古い時代には、土星は一番外側の天体でした。今では、土星は太陽系の最も外側の輪郭というわけにはいきません。しかしそれでもその役割が消えているわけでもありません。

＊

太陽系を町とすると、二重化されています。土星の城門と冥王星の世界の最外の門があるのです。またこれらは惑星と考えるよりも、惑星の軌道のプレートで考えてください。太陽を取り囲む複数の同心円があるのです。

ここでは太陽の力が、外側に拡大しすぎることの歯止めとして、太陽の影響力の輪郭を表します。太陽が鷹揚な態度の時に土星はストップをかけます。太陽は無形であり、太陽系内においては絶対なので、これを形に表すことはできません。

一方で、土星は反対側に、惑星というより低次の次元で、具体的に、外側から締めつける作用としては、無形のものに形あるものを、という対抗勢力を作り出します。そのことで太陽の集中力は高まります。無限に拡散するよりは、ある程度制限されたところでの方が、内部の力は強まるからです。

例えば、クラシック音楽は非常に激しい表現を含んでいます。これらは音楽の形式や理論がはっきりしているからだという面があります。形式があると中にあるものは凝縮され、強烈な圧縮をされていきます。どんな形式もなく自由だといわれると、むしろこの爆発力が失われます。

この点で、土星は発散の反対のもの、つまり忍耐や抑制、断念などの意味を持ち、また形式や安定性を作り出すことで、結果的に太陽の力を強力な集中力が発揮できるように助けていきます。

＊

ジオセントリック的な太陽、これは地球の写し絵でしたが、ここでは土星はジオセントリック占星術の太陽の敵対者でした。なぜならジオセントリック占星術の太陽は、太陽の力を持たず、それは地球の写し絵でしたから、惑星土星と対等の関係にあるものだからです。

ジオセントリック占星術の太陽サインの発展は、他の惑星の可能性を妨害するという面もあったのです。というのも、他の惑星と同列の価値にもかかわらず、唯一これだけが他の惑星よりも大きく発展してしまうのは不公平でバランスの良くないものでもあります。

土星はこの太陽サインの発展に関しての抑止力として機能します。それはジオセントリック占星術の太陽の力を枯渇させ、「ライオンを檻に閉じ込めるかのように」土星が弱めていったのです。

＊

ヘリオセントリック占星術のシステムの場合には、むしろ、どんな惑星も無としての太陽の力をとうてい弱めることなどできないので、土星は、「適度なところでの節目」を作り出し、つまりは太陽の活動のめりはりをつけるということに貢献します。7の数字は、落差をつけるという作用でしたが、高いところと低いところができてしまうと、水は高いところから低いところに落ちていきます。

しばしばジオセントリック占星術のシステムでは土星は不快な面があったのは、ジオセントリック占星術の太陽（すなわち地球）と土星は同列の場所で敵対することがあったのですが、ヘリオセントリック占星術では、太陽はすべての惑星の上に立つのですから、惑星土星は太陽の妨害者とならず、太陽の分割魂の一つとして従属的に働きます。

土星はヘリオセントリック占星術の太陽の力を止める力はありません。しかし、ジオセントリック占星術の太陽の力は止めることができます。この明確な違いを忘れないでください。

私のジオセントリック占星術上での土星の扱いは、常に人生の最終的な局面、「落としどころ」を意味していました。ジオセントリック占星術の太陽の死に場所です。月で始まり、太陽で発展し、土星で落ちをつける。月と太陽のみを重視する考えは昔からありましたが、これは後をフォローしない、言いっぱなし、やりっぱなしのスタイルです。

*

日本人は塩で清めをするように、こういう月、太陽のみの考えには適していません。最後の落ちとして土星は大切です。職業でも、太陽の方向は若い頃にはいろいろしました、という意味です。最後に落ち着く方向の職業は、土星が示しています。

ヘリオセントリック占星術では、太陽は若い頃を示しているわけでもなく、また土星によって打ち止めになることもなく、そもそもどんな性格も有していないのですから、土星は晩節というよりも、はじめから何か価値観の節目を作り出す、落差を生み出すということに貢献します。

*

セドウィックは「一つの態度の問題が今、持ち上がる。個人は、自分の自然の能力を時間の要請のために短く見積もるべきであろうか、その個人はしばしばより高いところに到達するべく奮闘するし、それによってその個人は傲慢に（おそらく極端に動機付けした木星の結果として）能力を超えて選出されるだろう。このシステムがその自然の弾力性を超えてストレスを感じるのと、構造的な疲弊が俗世の生活を破壊する前の間に、重要であるだけである。そのような疲弊は物理的、精神的、感情的、もしくはスピリチュアルかもしれない一すべて土星がこの文脈では特徴づけるものであり一全てが俗世に影響を与えていることだ。

この疲労の点で木星に回帰することは、信念のシステムの失敗を宣言しており、土星がその個人の個性のために維持するように見受けられる。その、合理性の変数の検討の過程は、すべて、今必要なものであり、合理化のためのものではない。

土星は休息や回復を人生の流れの中の定期的な間隔で、実に快適に可能にする。人間の経験における安定期は、しばしば、人生は前に進む苦しい歩行の努力であるという認識によって否定される。疲労の再強制が再び起こる。土星の優美さは、毎日の経験において一貫して効果的なレベルに到達し始める前に受容されなくてはならない。時機を得た一貫性という経験を通じてだけ、人は、永続的な目的達成にむけて要求される、忍耐のレベルを維持することができる。支持の受容と逃避と安堵の時間は、注記と統合を必要とする。それはそのような受容の態度を身につけた個人次第である。」といいました。

これは、惑星意識においての限界点の節目のことを説明しています。

＊

もう一つ重要なポイントは、ヘリオセントリック占星術には逆行がないことです。取り越し苦労の癖は消えます。ジオセントリック占星術の逆行はしばしば妄想や取り越し苦労、神経症のようなものに似ています。

さらに続けます。「土星は、実に面白いことに、地動説の太陽系の中で働く時には、その動作のスピードを変えるのである。ジオセントリックの中にある時に比べて、土星の速度はストレス無く、よりスムーズになる。それは、自動車のエンジンを、限界ぎりぎりまでより早い回転数で走らせることに似ている。そして、操作者はクラッチを入れギアを変換する。より高次のギアへの転換は、エンジンの回転数を解放し、全体的な動作を容易にする。土星は、天動説から地動説へとギアを上げる。

ヘリオセントリックへとギアを上げることは、意識的な態度の選択を要求する。誰も、動く時間やその方法を指示しないだろう。それは、個人の土星の指標に拠ると、個人的で親密な認識であり続ける。」

「俗世の利益にはより振り回されないような形態になってくる。信じようが信じまいが、より高次にエネルギーづけられたヘリオセントリックシステムの指標の中で動作する時には、俗世の混乱経験は減少する。これは、天動説のシステムの中で維持されていた状況、俗世にある注意をそらすものの消去から来ている。もはや重要ではない行動やイベントは消し去られる。ものごとを超えて、心の要素が現れる。目的が努力のいじくり回しを超えて現れる。」

＊

これまでしばしば土星は妨害者、老いて疲れた社会の中においての旧体制のようなものも示していたのですが、ヘリオセントリック占星術では土星にそのような性質は１点もないことが特徴です。水星などの逆行は、個人の思い違いとか速度の速いところでの逡巡でしたが、土星の逆行は社会システムでの停滞を表していたということです。

土星のノースノードは蟹座の24度、サウスノードは山羊座の24度です。育てること、保護することは蟹座です。狭い環境の中で保護することは24度の性質です。土星は外界との落差を作り出し、制限することで、むしろ育てる性質が出てくるということにあるでしょう。枠の中に入れてそこで安定性を与え、規律を与え、そのことで長く維持できる力を与えます。

一方で山羊座の24度は、歴史の中に退行することも意味します。新しく育てるのでなく、過去の形に依存することもあります。

あなたのヘリオセントリック土星を調べてみてください。継続される制限、そのことで保護され、発展し、集中することは何かを考えます。職業的な方向は、まずは水星で選択が始まりました。その後、土星で行き着く具体的なイメージが判明します。土星よりも外に行くと、城門の外に出たようなもので、それは無法地帯です。

土星が決めた価値観は、継続的にいつまでも続きます。この価値観の中で繰り返され、次第に強度を増していく行為は、あなたの人生の輪郭を生み出します。それはサインとして純粋に機能的に考えるとよいでしょう。

＊

価値の優劣と上下。何を上に見て、何を下に見るか。これは差別を作り出すことです。良い意味でも悪い意味でも土星は差別化します。踊りを価値観の頂点に置く人は、踊りが上手な人が高い位置にある人で、踊りが下手な人は蔑まれます。それ以外の社会的な地位がどんなにあっても、踊りが下手なら駄目人間です。

土星は人の優劣を決めてしまうのです。風のサインの土星ならば知恵があるかどうかが大切だというわけです。

木星は増やす。すると、それによって、反対に減っているものもあります。木星にとって悪とは減ることですが、それは木星のサインに方向づけられ、それ以外のサインで減ることはあまり気にしません。

土星にとっては下にあるものが悪で、上にあるものが持ち上げられ、自分が向かうところです。しかし、ノード群は蟹座や山羊座という集団性にあるのですから、これらの価値観は個人として主張するよりも、ある程度社会的に共有されるものです。

天王星

URANUS

天王星・海王星・冥王星は公転速度の遅い天体のため、個人よりも世代的なものと考えた方がよい惑星群です。

ヘリオセントリック占星術では、トランスサタニアン、つまり天王星・海王星・冥王星を使わないという説がありますが、これについては使用者が選択してもよいと思います。

皇居を取り囲む複数の環状道路があるように、同心円の太陽系宇宙を一つの町と想像した時に、土星の城門は節目を作り、そこから外は、多少非日常的な世界になります。自由はあるが同時に危険度も高くなるということです。

天王星は、この土星の閉鎖から開放する作用があります。一つの国を山羊座や土星とみなした時には、それぞれの国の境界を越えて、共通した見解の中で意思疎通をするという役割です。もう一つ、天王星は、98度の傾いた軸が原因で、他の惑星とは全く違う視点によって考え、今までわからなかったことを発見するという性質があります。これは極めて冴えています。

＊

太陽は獅子座の支配星で、その反対にあるのが水瓶座です。その支配星が天王星という点で、また山羊座の後に水瓶座が来るという点で、天王星は支配者の太陽に対して、カウンターバランス的な位置にあり、またローカルな見解に閉じこもる土星に対して、矯正効果を持っているということが挙げられます。

広い視点から新しい自己像を提示し、それは土星や太陽に対しての新鮮な刺激を与えるということです。常に天王星は新しさを表すのは、土星に対する影響力としてのものだといえるのです。

ジオセントリック占星術の場合の天王星の意味とあまり変わりはないでしょう。革新や壁を越える、発明発見、人工的な、電気、電波、放送、広い交友関係、同盟などです。

＊

天王星はノースノードが双子座の数え度数の14度です。サウスノードが射手座の14度にあります。天王星のノースノードは、双子座らしく多様な見解を提示します。異なる考えの中に共通の意思を感じ取るというのは射手座であり、双子座の場合、まさに異なる意見を異なるまま扱うことが多いのですが、14度は言語化されないところでのコミュニケーションなども意味します。

セドウィックは「射手座の南のノードが北のノードに対して明らかにするのは、ドグマが定着し、古い思想的な硬直の形態が、変化のために必要な努力を覆い隠す」と書いていますが、射手座はもともと深い思想であり、双子座は牡牛座の後のサインのため物質的な可能性を探索し、哲学的な意味ではあまり深く考えない性質があります。

技術革新などが、古い思想を打破するというようなシチュエーションは、射手座のサウスノードに対する双子座のノースノードの影響です。反対に、宗教的な見解が原因で、クローンとか臓器移植のような生物学的なチャレンジができなくなるのは、保守的なサウスノードの射手座が、双子座の新しさを妨害することです。

12サインに対する解釈も、ジオセントリック占星術とヘリオセントリック占星術では変えなくてはなりません。ジオセントリック占星術はもっぱら地上の既存の対応物で考えます。

資源が有限な世界では双子座は個人の間の競争であり、取り合いであり、不毛な争いでもあり、競争の結果としての勝ち組と負け組の格差を作ったり、また立場の逆転のために裏切ったり下剋上したりします。また個人の能力の発展を表し、さまざまなバラエティーを生み出します。

個人が孤立して、未来が失われ、どこにいったらよいのかわからないという精神も、双子座です。この双子座の力が消耗しきった段階で、集団的に一体化する蟹座がやってきて、双子座を終焉させるのです。

ヘリオセントリック占星術の双子座の場合、この限られた資源の取り合いとしての不毛な争いというと意味は可能な限り減少します。むしろ純粋にバラエティーが増えるということに大きな特徴が出てくるでしょう。その上で、天王星は双子座の力をもっと持ち上げます。

＊

土星や冥王星、木星などのノースノードがみな個人の独立を否定する蟹座にあるのに比較して、金星と天王星のノースノードは集団帰属の蟹座の手前にある、個人の可能性の限界までの発展を意味する双子座にあります。金星と天王星の力は、基本的に孤立した個人の姿勢ということの中にあるわけです。何らかの惑星がここに重なっていたり、あるいはアスペクトを持っていたりすると、それは協調ではなく、孤立やスタンドプレイの中で発達してくることになります。

天王星は金星よりも３度前を先行しています。金星のノースノードが牡牛座から双子座に入った時、大地母神は空気の中に移り住んだと説明しましたが、天王星の影響が金星に加わってくる以上は、そもそも金星は天王星作用と連動し、この近辺に惑星がある人は、金星･天王星のノードとして影響力を受け取ることになります。それは特定のローカルな性質に対しては斜めに見ていくという天王星傾斜の煽りを受けるでしょう。それに土星の壁作りを見ると、天王星的な影響は常に迷わずそれを壊そうとします。

天王星の近日点は乙女座の 19度

です。遠日点は魚座の19度です。乙女座は土のサインのために細かい実務。反対に魚座は水のサインですから、密度の薄い水や空気を含んだ水で、あいまいな雲のようなものです。結局、天王星は、細かい実際的なこと、双子座・乙女座などで、より集中度を増していくことになるわけです。革新は乙女座近くでは細かい技術に走り、魚座近くでは考え方として、広い視点がもたらされます。

＊

ジオセントリック占星術では天体は頻繁に逆行しますが、ヘリオセントリック占星術では規則的な運動をしていて、逆行はありません。

天王星が牡羊座の春分点に入ったのは、ジオセントリック占星術では2010年5月28日です。ここから逆行して2011年3月12日にあらためて入りました。東日本大震災はこの前日の3月11日の午後3時前後です。

ヘリオセントリック占星術では、春分点に入ったのは2010年11月4日です。震災の時期には01度42分にありました。これは火のサインにおいては、数え度数の2度はみな強い振動とか笑い、興奮などを意味します。

ヘリオセントリック占星術は、ジオセントリック占星術ほど顕微鏡的な細かいことを考えるのに適していません。実際にそれは太陽から見た遠景のようなものです。

そのため、ゆっくりとした歴史の中での動きなどをヘリオセントリック占星術で考え、細かいことをジオセントリック占星術で考えてみるのはよいでしょう。ヘリオセントリック占星術は太陽を基準にした時代の変化の計画書で、どちらかというと数千年単位から考えてみるのがよいのではないかと思われます。

その意味では、2010年の11月に時代が変わったのです。ここから新しい12サインの循環に入りました。

海王星
Neptune

海王星は魚座の支配星です。魚座は水のサインで、それは希薄な水、つまり霧とか雲に象徴され、空気を含み、あらゆるものを捕まえ、その中に取り込もうとします。

ヘリオセントリック占星術では、常に地上的な意味でとらえてはならないので、サインの意味についても、長年の間、雑誌や書籍で説明されてきた内容のうち、取り除くべきところもあれば、継続して採用した方がよいものもあります。

最もわかりやすいのは、4元素、3区分、サインの通し数字などで考えることです。ここで経験主義的に考えると、それはヘリオセントリック占星術ではなく、ジオセントリック占星術でしか使えない考え方になるからです。12サインの元にあるのは12のロゴスであり、それはアカシックレコードの記録の原版のようなものです。12サインは地球と太陽の関係でのみ作られるので、地球限定版のアカシックレコードということになるでしょう。

ここにたくさんの経験が書き込みされ、それはほとんどの人に共有されたものとなります。アボリジニーはドリームランドの記憶を共有しますが、アボリジニーでなくても、私たちは無意識にこの12サインという記録版の中にあるデータを照合し、組み合わせて使っています。

＊

人間は生まれてくる時に、まずアカシックレコードをダウンロードします。でないと、OSのインストールされていないパソコンのように動くことも考えもできないといわれていますが、それは、つまりは生まれてきた時のホロスコープとしての鋳型をダウンロードしたということです。

この場合、地上から見るパースペクティヴでは、感覚的な個人としてのスタイルがダウンロードされ、太陽系経験の集積として、より高度な魂の記録のようなものは、ヘリオセントリック占星術のホロスコープとしてダウンロードします。

太陽系の外からやってきた魂は、太陽を通じてしかこの太陽系の中に入り込むことはできません。太陽は外から来たものを許可する扉です。太陽以外の横から入り込むことはできないのです。

外から来たものは太陽を通じて太陽系の中に入り込み、プリズムが七つの光に分光するように、おのおの惑星に分割魂として分岐するのです。その鋳型そのものが、地球の分割魂の中にそのまま投影されます。

＊

海王星は中心視野でなく、周辺視野を使うことに似ています。中心視野は8ビットしか処理できない時、周辺視野は数万でも数十万でも、あるいは億単位のビット数でも処理します。それは身体組織の中で最も低速な作用の思考が足止めしないからです。

このような場合、個人のアイデンティティーは小さく凝固しすぎないので、魚座の水・柔軟サインが表す作用と似て、さまざまな、「いま、ここ」にない可能性に同調し、それを引き寄せます。12サインの記録はレイヤーのようなもので、読み取り器の解像度によって、出てくるデータが変わってきます。

＊

通例知られている12サインの性質は、そうとうに解像度の低い読み取り結果であると思われます。というのも、そこにはステレオタイプが支配的だからです。誰もこのステレオタイプに捕まったままで、自動的に無意識に生きていたくはありません。それなら生まれてきてもあまり楽しくないし、他の人に代わってもらっても違いはないのです。

海王星は、12サインの、未知の、掘り出していないデータを検索するのに適しています。そのためには、感覚としての意識が目覚めていない方がうまくいくでしょう。

感覚としての意識がしっかり目覚めると、常に視野狭窄症に陥り、決まりきったもので考えようとするからです。

＊

海王星のノースノードは獅子座の12度で、サウスノードは水瓶座の12度にあります。12度は面白いネタを見つけ出すこと、楽しませること、ストーリーテラーに関係するので、それはもっぱら芸術などで表現されやすいということになります。面白いジョークや自慢、自己陶酔などによっても加速します。

ただし、獅子座の性質もジオセントリック的に考えてはならないとすると、個人としての胡散臭い自慢癖をイメージしない方がよいのかもしれません。

反対に、非個人的な水瓶座では、意識は茫漠とし、遠いものを夢見るようになり、個人の自己管轄がうまくいかなくなります。今ということを忘れて、過去に埋没するイメージの中にも飲み込まれるでしょう。古代文明や古代の知恵、そのようなものに何か大きな価値があるように感じられることになります。

また具体的な書物、地域性を無視して、空無の中に夢想すること、精神的な意味での格づけに走ることになります。おそらく自己犠牲または生け贄になることに対しての空想的な価値づけというものも含まれています。

基本的にノースノードは目覚めることに、サウスノードは眠ることに関係しています。人の１日にたとえてみれば、ノードを境にして、北にある半円は目覚めた昼に関係し、南にある半円は夜の眠りの中にあります。

＊

目覚めるというのはそれが個人の活動に関係するならば、特定のものをアクティベートして、それ以外の情報をカットします。眠りは他の影響力をカットしなかった結果、それらに引きずられて、「個人を切り出すことができなかった」ということだからです。

海王星のサーチ能力は、サウスノードにある時に果てしない海のような情報のプールを漂い、ノースノードでは受ける話や面白いネタ、特定のエピソードへと編集されていき、それが個人の活動のテンションを作り出すということになります。

冥王星

Pluto

冥王星とカロンは、冥界（冥王星）の入り口で、川を渡る魂を案内するスタイ川の船頭という組み合わせです。これは太陽系の外側との境界線が冥王星であり、そこから外に出るもの、また外から中に入るものがあるということを示しています。

太陽系をたまねぎ状の、同心円の構造であると考え、時代によって、この太陽系の境界線は土星であったり、冥王星であったり、あるいはもっと違う惑星であったりします。

平安で安定した都市があり、そこに城門があり、その外は異界とみなす場合もあれば、むしろ、その外のさらに外側に境界線があり、城門はその中で、ごく日常的な都市機能においての境界線であるとみなしてもよいのです。

例えば、国は土星の境界線で引かれた内側であるとみなすと、その外の天王星・海王星・冥王星の軌道領域は、部外者の住む場所であり、そこでは国の憲法は働きません。

＊

私は、冥王星が金銭に関わると、不正とかまともなものを超えた手段を使うこともあるとみなします。海王星もまた犯罪的な場合があります。こういう場合、税金を納め、ごく平凡な収入は土星の軌道までに住んでいる人々のルールです。

東京にディーゼル車は入れない。こういう場合、東京と外の地域には、既に土星に境界線が引かれています。昔の時代の日本では、沖縄とか北海道は既に日本ではないとみなされていた時代もあったのです。外は危険地帯で守られていないが、しかし新しい可能性、未知のものがたくさんあります。それは魅力的です。

どこまでも内輪とみなしてどこまでを外とみなすか、あるいはまた階層的に、それはいくつかに分かれているとみなすかなどいろいろです。

＊

意識の範囲がもっと広がると、やがては冥王星が境界線ではなく、それはある程度内輪の範囲のものであるとみなす時代もやってくるかもしれないし、その反対に、閉鎖的になり、保守的な社会を作ることになれば、また元に戻して、土星までを限界点とみなすこともあります。それによって、その人の人生観は変化します。

少なくとも古典占星術を使っており、土星までしか使わない人の人生を見ていると、許容度が著しく狭く、禁止事項が大量にあります。そのため、この人から見ると、世の中には間違っていることがたくさんあり、小言の多すぎる老人のように、批判するべきものがたくさん出てきます。

この古典占星術の使い手で、その人の解説を読むと、天王星以遠を大きく誤解します。ただでさえジオセントリック占星術は閉鎖的で、「中世の淀んだ空気に満たされた」ものですから、さらに土星までとみなすと、まさに、息苦しい生き方になってしまいます。

かといって、冥王星の外まで入れてしまうと、太陽の負担は極めて大きくなります。つまり、太陽はそれらをすべて統括しなくてはならず、これまで以上に例外的なものも、許容範囲に入れなくてはならないので、太陽の包容力は果てしないものになります。

＊

冥王星を冥府の入り口とみなした時には、冥王星を最も外側の境界線にすると、生きた人のみを入れたものになりますが、しかし冥王星が最も外側でなく、これも途中なのだという話になると、死者も社会の中に組み込むことになります。

生きていない人も、生きた人と同

列に扱うことになると、許容範囲が極端に大きいのです。しかし、仏教が伝来する前の日本では村落の中心に墓場があり、また季節のゼロポイントの中で、夏至などの盆踊りのような村の祭りでは、死者が混じってくるのが当たり前だと考えられていました。死者を呼ぶための儀礼があったのです。

＊

海王星をホームレスとか放浪者みたいなイメージで考えてみると、それらは社会の中に入れないというのが土星の枠です。公園に住むホームレスもまた社会の一員であるとみなすのは、海王星を内輪に入れた社会です。

外人がたくさん働いているところは、天王星を許容した社会です。冥王星よりも外になると、生きてはいるが役に立たない人だけでなく、死んでいる人も一員になってきます。

しかし、正直な話でいえば、この生と死の境界線・基準も、時代により変わってくると思います。肉体が生存している間を生きているものとみすなのは、肉体主義・物質主義の考え方ですが、生き物を肉体的な存在と限定しない場合には、死の境界線の敷居の範囲が変わってきます。

事実、折口信夫のいうような古代の日本の生死の基準は今とは違っていました。

もし、ここで土星が境界線の人がいるとしたら、冥王星の外のものは、異質なもののさらに異質なものです。土星の人にとっては、天王星でさえ忌むべき部外者であり、御法度のものです。今の私たちには、天王星作用はインターネットで情報を見るくらいに日常的です。海王星も人によってそうです。

例えば、ヘミシンクで何か体験したというのは、海王星的です。それは土星内の人にとっては、妄想以外の何ものでもありません。

土星内というのは、死んで硬直した神経回路のように、沈着した情報でなくてはならないのです。海王星はまだそこまで沈着していません。私たちは、この何を枠にするかで、異なる社会に住んでいます。それらは重なってはいるが、見えるものが違うのです。チャンスも違います。ある人には有害な体験が、ある人にはチャンスのきっかけです。

＊

冥王星は現在のところ、占星術で認識されるケースに限り、太陽系の外輪郭であり、この外は死者の世界です。死者でなく生きているが、人ではないという場合、例えば、人外魔境はこの冥王星の内側の海王星の境界線の話ではないでしょうか。

私は冥王星とカロンが互いに回りあっていることから、冥王星においては、扉の切り替え機能、つまりは外から内へ、内から外へという切り替えが起こることを考えていました。冥王星が何かの惑星とスクエアになると、それまで外にあったものが内側に入り、今まで内にあったものが外に入れ替わることがあります。それはまるで二重人格的な切り替えです。死に筋ということで廃止していたコンビニの商品を、また持ち込んでくるようなものです。

この切り替え時に、前のものに固執すると、それを強引に「川に連れて行く」作用が働くので、前のものと同一化している私は、死の恐怖を味わいます。しかしつかんでおらず、そして外からやってくる別のものを受け入れる体制であれば、それはある程度はスムーズです。

＊

私のジオセントリック占星術の水星が、トランシット冥王星とスクエアになった時、ヘリオセントリック占星術では、水星は冥王星とトラインになりました。

これは、今までのジオセントリック的なものから手を離し、ヘリオセントリック的な水星の使い方をするべき時期が来たことを表しました。

この時には、ジオセントリック占星術では、牡羊座の初期の水星は冥王星とスクエアになったので、数ヵ月の間、自分の頭脳が壊れるかと思いました。昔から、集中しすぎて、神経の線が切れそうな感じを味わったことは何度かあります。しかし水星と冥王星がスクエアになった時の圧力はその比ではありませんでした。

その後急に解放的になり、意欲満々になりました。ジオセントリック占星術の発想で見れば、これまでの水星の使い方をつかんでいると、水星が表す頭脳が壊れます。しかし手放してしまうと扉が開き、冥王星の外にある大量のストックが持ち込まれます。

この場合、今までよく見知っていたものを止めて、これまで否定していた駒を使い始めます。否定しているというのは、既に用意された駒です。無関係なものは否定さえしません。もう使い古したので、違うスペアに切り替えるということでしょう。

しかし、この切り替えの時に、ヘリオセントリック占星術ではトラインのスムーズな流れが始まったのです。

ジオセントリック占星術の水星の使い方は、考える題材として、資料や本、人の話など、地上に存在する題材を刺激に使います。しかし、ヘリオセントリック占星術の回路がトライン化した時から頻繁に体験するのは、朝起きると、大量にダウンロードされているという実感です。朝起きた30分以内に要約的なメモをiPhoneのエバーノートにフリック入力するか、あるいは外を歩いている時に、音声で録音するかです。

＊

夢の中で、その記憶はそのまま残っているので、昼の意識の中でその記憶と考え方を継続するには、何かメモがあるとよいのです。言語化されていない、言語化しにくいものもあり、その場合には、途中経過を気にしないで一気に言語化してみることを試みます。

この場合、私が何を書いても100%興奮する人がいます。その人のヘリオセントリック図では、木星が私の水星の上に重なっています。ジオセントリック占星術では、そのような兆候は何一つ見えてこないのですが、ヘリオセントリック占星術では、私の水星の上に木星が乗るので、ともかく何でもオーケーなのです。

地球に入り込む前に、示し合わせて、地球にやってきた、というものです。これはたとえ話で説明しているのかというと、そうではありません。ヘリオセントリック占星術は、太陽から地球へと光線がやってくるのですから、地球に来る前に、その関係が作られているということです。

地球上でいったんこの記憶を失い、地球上から発芽する植物のようなジオセントリック占星術で成長していく自我は、個人の身体や感覚、神経組織から見た世界しか見えません。ですから、ここではこの関係は見えてこないことになります。

たとえでもあり、またたとえでなくそのものの話ですが、ヘリオセントリック占星術で助け合う相性は、地球に生まれる前にそのような助け合いをすることを示し合わせて生まれてきたのです。

もちろん、それはヘリオセントリック占星術での可能性を互いに補強します。そのため、ヘリオセントリック占星術の相性で、特定の惑星が強まり合うような関係の人を探し出してチーム化すれば、その関係そのものがヘリオセントリック占星術の力を鍛え、強め合うことになります。

何に笑うか、何がよいと感じるか、このような細かいリアクションもジオセントリック占星術とはツボが違うのですから、関係が続く中でヘリオセントリック的な力が増殖を始めます。

＊

私は水晶透視を教えていますが、ここでは、質問を発するというのは大変に重要なことです。

質問と回答は同じレベルのもので、質問が重いと回答も重いのです。極端なことをいえば、質問が作り出されれば、回答を得たも同然です。まずは質問が重要なのです。

これまで考えたこともなかったような問いを発する。それが意識が未踏の分野に踏み込んだことを意味します。知らないが興味を向けた。これは冥王星そのものかもしれません。

＊

セドウィックは、この問いというものが、冥王星に関係していると考えているようです。

「冥王星の鍵はボイジャーとの関連性に見いだされる。その鍵とは、尋問である。尋問は、発見の関心の中に存在している。冥王星のそのメカニズムは、意識を気づきに変えるために質問という道具を使う。冥王星はときには答えは疑問にとっては二の次であることを知っている。意識を現実化することを通じて、冥王星は、答えはほとんど重視せずに、正しい疑問を見つけるべく奮闘する。その答えに関わらず、答えとは疑問への反応である。」と述べています。

疑問を出す前は、そこは深い眠りにあり、それは決して意識化されない。冥王星はそこをボーリングします。疑問をいったん出すと、脳はサーチを決して止めません。回答が見つかるまで永遠にサーチします。

したがって、問いを発しながら、回答に行き着かない場合には、精神が次第に破綻していきます。

問いそのものが、既に今までの私たちを維持させなくさせています。問いを発すると、もう既に今までの私ではなくなってしまいます。

それは何か大きな傷を開いたようです。そしてその決着は回答として、どこかに落ちをつけ、縫合されなくてはなりません。

それが正しいか間違っているかは、今のところ第一義的ではありません。

＊

問いを発した瞬間に、私たちの意識は冥王星の外に行きます。そして戻ってくる時に、海王星の輪を通過する段階で、その回答の可能性をサーチすると考えてもよいかもしれません。海王星の段階ではそれは予感です。問いの回答が、冥王星の外にあるとはいえません。

冥王星の外に向けた問いが、冥王星の外で回答になると、それは私たちそのものの分解です。私たちは冥王星の外で生きることはできません。問いは分解しかねない事態であり、回答は、それをまたちゃんと形に戻して、安定したものにする、つまり落ちという意味では、問いに対する回答は、冥王星よりも内側の軌道にあることになります。

問いは新しいエネルギーの取り込みで、回答はその新しいエネルギーをうまくこれまでの私というものに組み込んだことです。そのため問いは太陽系の外への発信であり、回答は帰還です。回答が得られない場合には、もう帰還できないのです。

科学的に謎を解明するというのは、未知のことを科学的な既知の言葉で説明することです。つまり既知の中にきちんと収納することで、この時に、科学分野と違う語法で説明してはなりません。違う語法で説明してしまうと、体系が破綻します。

問いと回答は、新しい食料を古い組織が消化して組み込んだのです。冥王星は常に新しい栄養を太陽系の外から取り込み、太陽系はそれを消化します。

＊

冥王星のノースノードは蟹座の21度であり、サウスノードは山羊座の21度です。蟹座には三つの天体のノースノードがあり、二つの天体の近日点があります。蟹座は水・活動サインで、新しいものを冥王星によって手に入れた時に、必ずそれを同化（水）に持ち込みます。つまり蟹座は胃のようなものであり、食べたものは消化しなくてはならないのです。
　ジオセントリック占星術ではそうではありませんが、ヘリオセントリック占星術では、蟹座のピーク点である21度は、異質な食料を取り入れるという性質のようです。これはいつも決まったものを食べているのではなく、常に新しい珍しいものを食べていることを表します。
　冥王星の近日点は蠍座の15度で、遠日点は牡牛座の15度にあります。セドウィックは「近日点の冥王星は、精神的な障害物なき物的次元への全的な参画を経験している間中ずっと、物的な次元からの完全な自由を求めているのである。」と説明をしていますが、蠍座に向かうことは、水のサインですから、心理的な一体化のために、物質的な次元から逃れなくてはならないという意味になります。
　霊の一体化のためには、肉体から離れなくてはならないのです。ノースノードと近日点が共に水のサインである場合には、物質的に取り入れるのではなく、心理的・心霊的に取り入れることを表します。

Heliocentric Reading

4 ヘリオセントリックのホロスコープの注意点

どのようなソフトを用いても チャート作成はできる

ヘリオセントリック占星術のホロスコープを作成する場合、小曽根秋男氏の「Stargazer」ではメインメニューからそのまま選ぶことができます。また「ソーラーファイアー」の場合には、ホロスコープを作成する時に、天体計算をヘリオセントリックで計算するように指示できます。このアプリケーションでは、プラネタリーノードのレポートを作成できます。細かくは動きませんが、正確な位置を知りたい時には便利でしょう。インターネットサイトの〈astro.com〉でもヘリオセントリック占星術での天体位置計算は可能です。

図を作成する時には、ジオセントリック占星術の時のように、ハウスはありませんから、今までアセンダントを表示していた左横位置に春分点、すなわち牡羊座の0度にして表示します。

好みによってジオセントリック占星術のホロスコープ、すなわち地球から見た意味づけの図と、ヘリオセントリック占星術のホロスコープ、すなわち宇宙から地球へ持ち込まれた光線の図を両方並べて比較しながら考えてみるとよいでしょう。

例えば、精神世界の分野では、自分は宇宙から地球にやってきたと思う人がいるケースは増えてきます。肉体は親から受け継ぎ、つまりは大地を這ってやってきます。それは古い時代にはエジプトから大陸を移動してやってきたかもしれません。日本人はさまざまな種族の混交ですから、身体的な特性から、どの種族に近いかを調査することができる場合があります。遺伝子的に、お酒に弱い人は西からやってきた渡来人の傾向が強いといいます。

アセンダントは、黄道という生命力あるいは魂が、地平線という地球的な肉体と結合した場所です。つまりアセンダントとは受肉のことです。

しかしこれでも地上から見た視点です。地を這って受け継いできたものの中に、地上から見た視点において、魂が肉体に接触してきたのです。

人間は大地と天によって作られた存在
公平に見るためにもジオとヘリオが必要

細かいところにフォーカスを合わせないで太陽系を中心に見ると、太陽は自己分割して、それぞれの惑星に分割魂を送り込み、地球にはその割当ての分の分割魂が入り込みます。この地球魂には他の惑星に入り込んだ要素が縮小的に反映されます。つまり、太陽系全体の構造は地球の中に反映されるのです。

このヘリオセントリック図は、宇宙から地球にやってきた魂そのもののことを語っています。地球サインという軸を中心にして、この中に他の分割魂が集合しています。この視点からすると、自分は宇宙から地球にやってきたというのは全く間違いではありません。太陽系の外のどこか違う恒星から来たという場合にも、太陽系の外のものは太陽系の太陽の扉を通じてしか入ることができませんから、結局のところ、太陽系内では、ヘリオセントリック占星術でのホロスコープを使わざるを得ないのです。

そもそも人間は大地の母と天の父の両方によって作られた子供ですから、公平に見るのならば、ジオセントリック占星術を半分、ヘリオセントリック占星術を半分で見なくてはなりません。

自分は山形で生まれた。それ以外にはあり得ないという発想は、肉体と個人を重視しすぎた視点で、これは偏りすぎています。肉体は山形で用意され、そこに、黄道を通じて、魂が入り込んできて受肉したという言い方が正しいのです。そして魂の側から見た都合は、ヘリオセントリック占星術で考えるのが正しいことになります。

バイノーラルビートやヘミシンクを活用することでヘリオセントリック的な視点に立つことができる

ジオセントリック占星術の金星が牡牛座で、欲張り。しかしヘリオセントリック占星術では乙女座で、増やすことには抵抗しているという場合、肉体は何かものを見ると衝動的にそれを手に入れようとします。しかし心理的・魂的には、この肉体が機械的に行っている欲張り行動に対して、同意しているわけではありません。ヘリオセントリック占星術の金星が優勢になった時には、部屋の中にたくさんあるものを見て整理しようと考え、実際に整理した時に、とても気持ちよくなります。快楽さえ感じます。しかし、ヘリオセントリック占星術の金星が眠り込み、ジオセントリック占星術の金星が目覚めた時には、また部屋にものが増えています。

これは金星の使い方においての葛藤かというと、そうではないといえます。ジオセントリック占星術の金星は、地球から見た金星の位置です。この視点が残る間は、この金星が機械的に働きます。また太陽から見た金星の位置がヘリオセントリック占星術の金星ですが、これは金星や他の惑星の分割元で、もともとは太陽系内部の諸機能は、この太陽から生まれてきたとみなすとよいので、金星の内的・本質的な欲求ということになります。

つまり、そもそもの本性はヘリオセントリック的であり、地球に生まれてきた結果染まった傾向が、ジオセントリック占星術の金星です。もともとは増やしたくない本性があり、しかしこの地球では欲張りに染まってしまったと考えるのです。旅先で違う人になってしまったのです。

ヘリオセントリック占星術の金星が目覚めないのは、ジオセントリック占星術の金星の作用が覆い隠しているというケースが多いでしょう。肉の欲求が魂の欲求を覆い隠しているのです。

肉から離れて魂の側からの視点を思い出すことの利点は、狭い範囲の環境には縛られないで、自由に活動できるという点です。また創造的な可能性を開くことができます。楽しみとか喜びの実感はかなり違います。本性でしているという実感があります。肉の側からの視点では、実は環境の中で適応するという以外に道はないのです。

この感覚の支配する視点から離れて、魂の側から見る視点を思い出すには、文字通り、感覚から離れる体験をするとよいのです。それはリラックスすることや細かいことに気を使いすぎず、超然とした姿勢を保つことです。バイノーラルビートとかヘミシンクなども、結局はヘリオセントリック的な視点に立つことになります。なぜなら、それらは身体から離れた視点をもたらすからです。

身体の感覚に密着していない霊的な体験は、ほとんどすべてがヘリオセントリック占星術に結びついている体験といえるでしょう。

太陽の力を地球に持ち込むことで地球生活を全うできる

ヘリオセントリック占星術の視点は現実的でないかというと、それは反対です。というのも、ヘリオセントリック占星術の視点とは、地球に接近し、地球の活動に楽しみを見いだすことだからです。これは逃走的な面がありません。

太陽サインは明らかに地球環境から逃亡するための道筋を探していることになり、しかもそれは最終的には成功しないことがわかっているのです。逃げようとしても、12分の1のところに閉じ込められていますから、それは蠅がガラス玉の内壁に突き当たりながら、内部を飛んでいる姿に等しいのです。

したがって、本気で地球生活を全うしたい場合には、ヘリオセントリック占星術によって、自身を通じて太陽の力を地球に持ち込むのが理想的といえるのです。この場合、環境から逃げようとするジオセントリック占星術の方向に対して、環境に入り込もうとするヘリオセントリック占星術の力をぶつけて、均衡状態にしていくことで、環境に振り回されるわけでもない、中空的なバランスを持つ自分というものの立ち位置を見つけ出すことになります。

そもそもグルジェフの考えでは、地球と月の関係が重すぎて下に引っ張られ、地球と太陽との間に隙間を作ってしまった。これは破れ目のようなもので、カバラの生命の樹でも、上3分の1のところに破れ目があります。この隙間に人類を埋め込んで、太陽と地球の関係を正常なものにしようとしたということが書かれています。

太陽の力が暗いので、それを補正するために、地面に一面に張られたソーラーパネルのようなものが人類なのです。その点でいえば、人類は「自身の中にある太陽を思い出し、太陽の代理人、運び屋としての自分」というものを思い出すことで、もともとの人間の正常な機能が果たせることになります。

これは人類自身が月に過剰に影響を受けすぎないことが必要です。しかし分割魂の分割数が細かくなりすぎると、人間は太陽の代理人ではなく、月に引き寄せられたところで成り立つ哺乳動物になってしまいますから、考える範囲も思うことも著しく小さなことになっていき、人生の範囲が狭くなります。起きて寝て、そして死んでいく生き物となってしまいます。

もともとの人間の位置を思い出すにはヘリオセントリックとしての自分を考えましょう。

そのための他者との協力関係は、ヘリオセントリック占星術でのホロスコープ同士の相性として見るとよいでしょう。

まずは惑星の一つひとつを比較しながら、自分のヘリオセントリック的な姿、すなわち宇宙からやってきた自分というものを思い出してみましょう。

Heliocentric Reading

5 太陽の軸と地球の軸

地球の軸とは太陽に従属していない
地球の中に生息する文化文明独自のもの

地球意識は、それ自身の独自の活動性を地球の自転軸として持っています。これは太陽の軸というものとズレがあります。これは太陽には従属しない地球独自のものであり、地球の中に生息する文明・人類の独自のものです。これがなければ、地球内部に人類の文明などは発生しないことになります。

私は自分のサイトで、2011年5月28日に、ある人のメールに対して以下のような文章を書きました。

> 竹内巨麿とは違う竹内文書の睦ちゃんは、日本から行って帰って来て論です。
> シュメールから考えると私も行って帰ってきてではないかと思っています。
> 帰ってくる時期に時間差やコースの違いがあれば、言葉や習慣や文化にも差は出ると思います。

有吉佐和子さんは自分の生まれた和歌山は「今の天皇家よりも文化の高いフェニキア人」と発言していました。
鹿島さんは「日本は中原で鹿を追う資格がある」と言っていますし。
確かに入って来ているけど、帰ってきたのだとしたらどうなるのかと思いました。

私は13000年前の獅子座から、水瓶座の日本のコースのことを書きました。
で、13000年というのは、歳差の春分点移動サイクルである26000年、正確には歳差は25800年ですから、その半分のことを意味します。
ハータックは13000年前に、人類は神に反抗したと言ってますが、反抗、対抗というのは、180度と考えてもいいのではないかと思います。
もとの姿勢とは全く反対のものになってしまう。

で、蛇がしっぽを噛むというのは、単純に考えて、歳差の元の場所に戻るサイクルとみなしてもよい面があります。そのため、私が13000年前と書いたのは、一番遠いところに行ったのが13000年前、それならば、さらにその13000年前はどこにいたの？　という話になってきます。

この歳差というのは案外に重要です
地球がすりこぎ運動をしているために、黄道北極を軸にして、その周囲を円回転しており、天の北極が位置が違うわけですね。エジプトのピラミッドに穴が作られていた竜座のトゥバンの方向は2500年前だったかな。そのころはそれが北極星。14000年後には、ベガが、北極星になる。

水素48は、私たちの個人の地球意識です。そこでは個人の生命感覚でものを考えます。で、水素12は、高次な感情の振動ですが、太陽にも照応させるという単純な割当も参考になると思います。ここでの時間感覚はだいたい26000年くらいだと思います。つまり私たちは複数の意識で成り立つが、高次な感情レベルで知覚する時間感覚としては、26000年が一つの単位です。そのくらいの時間を、まるで一生のように感じるのです。

太陽は自己を分割して、惑星意識を作り出した。一つの光は、その下の次元では、七つあるいは十二に分割されて受け取られる。太陽を復元するには、十二個を全部集めないといけない。これを黄道北極を軸にして、すりこぎ運動する天の北極の回転運動と、その回帰と同一視してもよいのではないかと思います。つまり中心軸を、周辺で復元するには、すりこぎ運動の一回転が必要である。それが蛇がしっぽを噛むことだと。

で、この26000年の十二分割は、それぞれ2200年くらいの文明サイクルを作り出していますね。エドムの王たちが互いに戦っていたのは牡羊座の時代だった。キリストが出たのは魚座の時代だった。徐福が日本に来て米作と海運の革命をしたのもその頃だった。いちいちその時代ごとに支配原理が変わり、人類はそのつど、くるくると振り回されている。
で、重要なのは、それらを全部連結して、「十二に区分けされた円のレベルにおいての意識の陰陽分化を中和して、中心点を見つけ出し、それまでのパラダイムから一つシフトすること」です。じりじりと、26000年ものあいだ待ち続けたものがいる。そしてその意識は肉体から肉体へ、さらにさまざまな肉体が持ち運んだ。肉体はみなその細胞と考えるといい。
古代エジプトでは、歳差によって位置がずれる都度、恒星に向かって建てた神殿を、違う場所に建て直した。そのため同じ名前の神殿が複数登場する。72年に一度ずれるので、地域的にはそうとうにずれますね。日本の伊勢神宮とかは二十年に一度、場所を変えますが、歳差による計算をした方がいいのに、と思います。

三十代の初めに、夢を見て、日本からエジプトに行き、エジプトからまた日本に、というコースがあるというのを見ました。行きの道である日本からエジプトは地下コースなんですね。

十二支族のルーツは、日本に近いところ。日本そのものではないと考えた方がいいとは思いますが。そもそも地形も違うし。
私が日本のカタカナはフェニキア文字だと行ったら、ゲリー・ボーネルは、「でも日本はレムリアの子孫であり、アトランティスの言葉であるフェニキア文字は違う系列なのでは」と言いました。
ゲリー・ボーネルの話だと、レムリアは日本海に近いところにあったそうです。アトランティスはヨーロッパ。セム語は基本的にアトランティス言語なのだと。
しかし二つにわかれているわけではないと思います。この場合、土地を固定的に捉える純粋三次元的な発想には無理があると思うのですが。地下コースがあるので。

基本原則として、地球の歳差活動は赤道の膨らみによって生じた。このふくらみ、見方によっては、歪みは、長い道のりを作り出した。その時々で北極星、すなわち支配原理が変化した。かつては竜蛇族が支配していた時代もあった。このすりこぎ運動によって、太陽意識は十二に分割された。この太陽を、周辺を回る円で復元し、太陽の意識に少しでもたどり着くには、すりこぎの円を全部回り終える必要がある。

太陽系の中において不死というのは、太陽系の支配的な原理である太陽と同質の力を持つ必要があります。するとその民族は根において(個人個人ではなく。)太陽系の中で不死であり、永遠です。このために、太陽と同等の質量を手に入れるために、プロジェクトがあると考えてもいいのではないかと思います。太陽の外からやってきた存在は、この太陽系に入り込み、抜け出せなくなった。欠けた部品を取り返そうとしているのです。

でも、本当の意味でのルーツをたどるには、この歳差運動による26000年の春分点移動の一回転ぶんだけでは話が済まないです。さらに、26000年を12分の1にした、これらを複数連結した軸を模索するようになります。歳差の一回転のサイクルは、いわば、「直近の節目」です。
ただし、26000年単位は、そこで一つのプレートを作り出しており、その先のことを探し始めると、このプレートとは全く異なる世界になるので、地続きに考える必要はなく、とりあえず、私たちはこの26000年のプレートについてコンセントレーションするとよいのでは、と。キリストは魚座のはじめの時代にやってきた。つまり、このプレートで、12分の1を占めるもので、すると、この考え方に真逆なものも存在するはず。十二に分割された領域では、特定の12分の1に対して、かならず天敵の12分の1の部分もあるのですね。その結果、12分の1世界は、12分の1から決して抜け出せない。
占星術はほんとうはこういう話を入れないといけないのですね。太陽を模造した地球、地球、月という三つ組で組み立てられた「ささやかすぎる人間個人の視点」のホロスコープ発想では、なんの意味も持たない話かもしれないけど、全体のビジョンがないと、その日の暮らしさえままならない。全体は部分を構成するからです。

(〈http://www.tora.ne.jp/notes/2011/05/post-74.html〉より転載)

これは周辺を揃えると中心が見つかるという意味で、円が1回転すると、それによって中心点が見つかるという理屈の話です。

黄道北極は太陽の軸であり、地球の歳差活動による天の北極の回転は、2万5800年で1回転します。この時に、占星術ではプラトンの考えに従って、春分点の12星座移動を考えます。北極は支配原理としての頂点的な意識を表し、春分点はむしろ横移動の文化のカラーなどを表します。

北は主に権力の特質などに、また春分点など東西の座標は活動の特性などです。セットですからそれらは同じものです。

千賀一生氏は『ガイアの法則』(徳間書店)で、歳差活動を16分割して、1611年で22.5度移動するという説を唱えており、この寸法で、地球の文明の推移を説明しています。このように歳差を地球の地図に投影するのは、地球の地域にアカシックレコードを貼りつけることのため、地域の特性が浮き彫りになり、興味深いものです。

4×4は純粋に環境とか土地に関するもの 4×3は3の運動原理を土地と結びつける

占星術の場合、アスペクト理論などがあり、ハーモニック占星術のように円をいくつかの数で分割するのは得意分野です。ですから、16分割という4×4以外に、プラトン年のように4×3で考える方法も併用するとよいのです。

4×4は純粋に環境とか土地に関するものとなり、4×3は、3の運動原理を土地と結びつけるのですから、4×4のように土地にこだわるのではなく、推移する精神の動きの方を重視することになります。

また、4×4の16というのはハーモニック的には力と権力の原理ですから、時代による権力の推移とみなすこともできます。16は移動することに苦労し、移動する節目が来るたびに、その場所の文化を壊さなくてはなりません。タロットの16の塔のカードのようにです。しかし、12の場合には、タロットの12の吊られた男のように、もともと大地に根づいておらず、精神を保ったまま移動します。

惑星の公転周期は、一つの意識の生まれと死のサイクルであり、それは呼吸のサイクルです。円は回転するために陰陽に分割され、それは横から見るとサインウェーブのように見えますが、この中に吸う息と吐く息が一つずつ含まれています。

歳差の一つの円である2万5800年は地球の集合無意識のサイクルであり、それは私たちの高次な感情のレベル（グルジェフのいうH 12）の意識においてのひと呼吸の長さだと思われます。私たちの意識の奥では、これを明確に認知するものが働いています。個人意識としては、一生は百年弱ですから、それを直接意識することはないと思いますが、しかし個人から離れた意識としては、このひと呼吸については感じているはずです。

この１回転が終わると、太陽の軸の黄道北極に関わる意識を引き出すことになり、それは太陽の先にある全太陽の意識へとつながる手がかりを得ることになります。

全太陽から個人までのそれぞれの階層・次元で軸として同調することが重要

ジオセントリック占星術の場合には、このような歳差は水と油のようにうまくかみ合いません。しかしヘリオセントリック占星術では、これらは惑星のノードと共に、ロングカウントのパラメーターの一つとして組み込むことができます。

千賀氏によると、文明は２万5800年前の時代と同じような位置に戻りつつあり、これが日本を中心にした未来世界を作り出すと述べています。およそ西暦2400年前後に、日本を中心点にする地球文化ができるというのです。

占星術で、例えば、牡羊座に惑星が戻った時に、その前の時期に牡羊座にあった時の記憶が再現されることはよくあります。レベルは違うが型が似ているのです。

その意味では、この歳差によって日本に拠点が戻ってくると、前回拠点がそこにあった時のパターンは再現されます。それはある意味で、記憶の再生ということに関係します。もちろん個人の記憶が再現されるという意味ではありません。

千賀氏によると、中心点は兵庫県の明石市に近いということですが、例えばリサ・ロイヤルによると、日本の富士山は地球のクラウンチャクラになっているとか、広島の宮島の近くにプレアデスの基地があったという話になっています。

歳差のサイクルが規則的に地球上にさまざまな文明を作り出したということになると、それらを統合化し、その総合で成り立つ意識を育成する、ないし取り戻すことが大切です。となると、地球上の種々の地域・文化を全部馴染んでいくことも役立ちます。

日本がそもそも固有の宗教とか哲学がないというのは、これらを総合化するという目的のためにあるかのようです。

重要なのは、それぞれの階層とか次元のものが、軸において同調することです。全太陽、太陽、全惑星、惑星、全月、月、地域、個人などのそれぞれの階層が、軸とその周辺性ということで同期を取ると、上にあるものがそのままなだれ込んできます。

上にあるものが入ってこないのは、同期が外れているからです。これは周辺の円の中心点が本来の中心点と場所が違うという時に起こります。

その点で、2万5800年周期の意識や記憶が入り込んでこないのは、そのサイクルと、より小さなサイクルの間のどこかに、軸ズレが起きているからという意味になります。そこで情報が断絶するのです。

しかし、少なくともヘリオセントリック占星術として馴染んでいくことは、それを引き寄せることに貢献します。

Ⅳ

ケーススタディ

Case Study 1

ヘリオセントリック図と
ジオセントリック図の融合

自分の人生を身体感覚と
霊的感覚の双方からリーディングする

個人の出生図で、地球から見たジオセントリック図と太陽から地球へというヘリオセントリック図の比較をしてみましょう。

誰の中でもこの両方の力が働いています。身体感覚で考えた時には、ジオセントリック占星術の力が強く働きます。身体から離れて霊的な意識というものから考えると、ヘリオセントリック占星術の力が急激に強まります。人生はこの両方の組み合わせで進行していると考えてもよいでしょう。

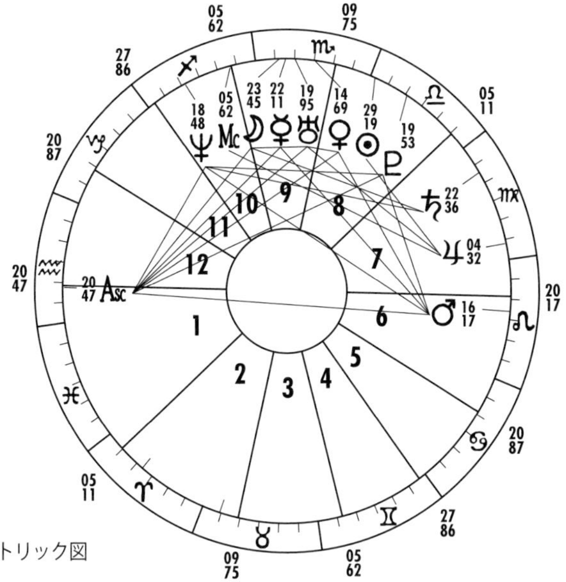

ジオセントリック図

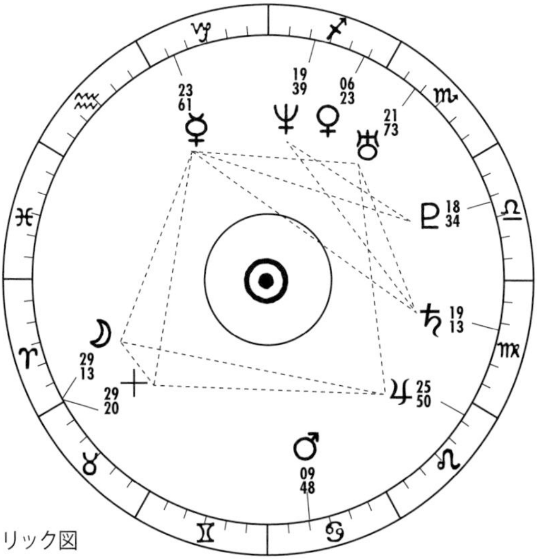

ヘリオセントリック図

ジオセントリック占星術では太陽のあるハウスに注目

ジオセントリック占星術の場合には、９ハウスに蠍座の天体が集中しています。居心地の良い、いつもの定位置、リラックスする場所は月です。つまり、９ハウスの活動にリラックスするのです。

愛着の金星、オリジナリティーの天王星、知性の水星、そして月。蠍座は固定サインですから、柔軟性は少ないのですが、深く入り込み、壁を越えるという力があります。そのため、9ハウスの意味する研究や思想、出版、書物などに深く入り込みます。しかし太陽はここにありませんから、これは好みとして９ハウスを強調しているものであり、本人の積極的な力を発揮するには、むしろ太陽のある８ハウスに集中する必要があります。

８ハウスは継承するハウスなので、誰かから何か受け取るということがあります。天秤座の30度ならば、それは知性の総合性です。総合的な知性を誰かから受け取り、それを発展させます。そして実際的な好みという居心地の良い場所は９ハウスですから、その受け取ったものを９ハウスで落とす。つまり、学習や出版、著作、などにしていくということです。

こういう性質がジオセントリックの特性です。つまり地上に生まれ個人としての肉体を持ち、感覚的な認知力で世界を泳ぐ時には、誰かから受け取り、そして出版したり、学校とか学習とかにそれらを定着させるという行動をしたりすると、環境の中に溶け込み、その人らしい適応が可能となります。

ヘリオセントリック占星術では
未知であった新たな自分を発見できる

次にヘリオセントリック占星術で、水星の比較をしてみます。

ヘリオセントリック占星術では、地球よりも内側にある水星や金星は、ジオセントリック占星術とは全く異なる場所にきます。これまでのジオセントリック占星術に慣れている人には違和感があるとともに、何か新しい自分を発見したような新鮮味も感じることになります。

ヘリオセントリック占星術では水星は山羊座の数え度数で24度です。24度はそれぞれのサインで、そのサインらしい特質を果てしなく追求していき、終わりがありません。そのため、25度で打ち止めをしますが、24度のままの場合には、いつ果てるともなくそのサインの特質を追及していきます。

内奥の限度を超えたものを山羊座の性質の中で求めると、土・活動サインで、冬至点から始まる陰の極のサインです。つまり、新しい種を植えるのでなく、古いものが最も長く生き残るサインです。乾燥し、硬くなったものは、化石のように残ります。一番早く腐るのは、反対の夏至点から始まる水・活動サインの蟹座です。

この度数は、山羊座が示す伝統や地域性などの分野で古く残るものを通じて深い精神性を追求します。サビアンシンボルでは修道院に入る女性というもので、これは地域的伝統の中で、修道院のイメージに、古くからのものが残っていて精神性がとても強いという意味が託されています。

日本なら、お寺などに興味を向けてもよいわけです。

この場所は、山羊座の支配星である土星のサウスノードがある場所です。ノードは山羊座の24度なので、ほとんど正確に重なっており、これは稀有なケースです。サウスノードは、基本的には保守的で、本能的な、眠りの領域に入るものですが、集団的な力が蓄積されていて、個人で扱うには広範すぎるものです。

修道院というイメージと重なるかもしれませんが､知性の水星はこの情報を拾ったり､また発信したりするのですから､集団的な古いものの重みがどっしりとかかります。そもそもノードは集団的ですから､この人物の水星の活動は、集団的に働きかける力があります。

水星はジオでは仕事や興味を表していたが ヘリオでは人生の選択方向を表す

水星は太陽のはじめの分割です。そのため人生の方向性であり、ジオセントリック占星術であれば知性や仕事、興味、好奇心として水星を解釈しますが､ヘリオセントリック占星術の場合には､人生そのものの方向性の選択がこの水星にかかっています。

また、冥王星のサウスノードも山羊座の21度なので、この水星に近いといえます。これは土星が社会的な差異や落差、地域特性とすると、冥王星はもっと極限的な問いなので、水星はもっと重い題材に向かいます。

これは実務の乙女座の土星の20度とトラインで協力的です。この土星は天王星の近日点に接近していますから、加速した天王星の恩恵を受けており、独自のやり方で、なおかつスピードは速いです。

また、ジオセントリック占星術でも似たような位置にある蠍座の天王星と小三角を作っています。蠍座の天王星は普遍的なものを継承するという意味ですが、水星と火星のサウスノードの場所です。この天王星が、地域的な特殊性を持つ山羊座との情報の照合を行います。そして乙女座の土星はそれを仕事化します。この小三角に、複数のノード、そして天王星の近日点ですから極めて強力な小三角地帯であることはいうまでもありません。

ノードは集団的な力に満ちているので、自分で活力をコントロールしにくい面があります。取り憑かれたように動く、というものになりやすいのです。

土星と天王星はある程度世代的なもので、同じ時期に生まれた人は似た傾向があります。しかし、水星は純粋に個人的な特性です。この水星が土星と天王星の力を個人活動の中に引き込んでいるのです。

ヘリオセントリック占星術では人との関わりということは重視しない

ヘリオセントリック占星術での地球サインは牡羊座の30度であり、もともと牡羊座は種植えですから、地球に新しい要素を持ち込みます。それは限りなく牡牛座に近い牡羊座。つまりは血筋とか家系とか、自分の本性に近いものに接近します。

牡牛座が肉体とすると、牡羊座という火のサインの示す霊は、これに一番近い肉体的な血筋に着地しようとしているのです。

サビアンシンボルの池の中のアヒルは、アヒルが牡羊座で、池が牡牛座と考えてもよいでしょう。この池の水は牡牛座の１度になると勢いよく山の上から流れます。池は山の上にあったのです。

そこに鳥であるアヒルは降りてきて、その池で遊んでいる。そしてそれは親子である。

体でいうと頭のてっぺんに皿があり、そこに水が溜まっていて、上空からやってきたアヒルはそこに降りてきたようなイメージです。

牡羊座は牡牛座に入りたかった。そのため、この度数では、牡羊座の霊は、やっと肉体である牡牛座に入る場所を見つけ出し、しかしまだ牡牛座でないので、着地はしたが牡牛座の中に入り込んでおらず、その着地点で、うるさく騒いでいます。

ジオセントリック占星術では太陽は８ハウスで、誰かが受け取る姿勢でした。そもそも人との関わりの天秤座です。７ハウスには土星や木星もあり、人との関わりが重要です。

しかし、既に説明したように、ヘリオセントリック占星術になると人との関わりはそこまで重視する必要はないのです。それよりも、自分が適合した肉体や家系の中に入ろうとしていて、牡牛座に埋没する直前にうるさく騒いでいる、つまり何か賑やかな活動をするということが重要です。

適しているものに入る直前というのは、いわば、自分が好みの食料を目の前にして、しかしまだ食べていない。この段階で騒いでいる光景です。「これが食べたかった」とか、「おなかがすいた」とか、そのように大声で話しています。

ジオでは実務の乙女座であった木星が ヘリオでは派手な獅子座に変わるという不思議

この牡羊座の地球サインに対して、協力的なのは獅子座の木星です。

ジオセントリック占星術では実務の乙女座にあった木星は、なんとヘリオセントリック占星術になると、派手な獅子座に入ります。そして、26度の数え度数ですから、それは使命の発見である虹の度数です。

虹は天と地をつなぐのです。牡羊座は自分の霊がそれに適した家系の山に入り込み、そこで騒いでいる。そして獅子座の木星は自分の使命を証立てする虹を見て、しかも木星ですから、ちょっと大げさに感動しています。

ジオセントリック占星術の木星は自分にフィットしたものを発見するのです。太陽からやってきて、太陽の意識を分割し、地球に入り込む時に、最もフィットしたものを見つけ出し、明確で大きな目的を見いだします。こうした場合、思うままに屈折のない前進をするでしょう。

そして具体的に人生の方向性で選ぶのは、古い伝統の中に、保守的な記録の中に、普遍性を持つ知識を引き出します。それは多くの人に強い影響を与えます。郷土史などという古さのレベルではないです。

そもそもヘリオセントリック占星術は小さすぎる地域性が見えていません。何せ太陽から来たのですから。

同じような位置にヘリオセントリック占星術の水星がある人を知っていますが、その人は考古学に興味があり、発掘をしたかったそうです。

適応のジオセントリック占星術
創造のヘリオセントリック占星術

火星は木星のノースノード、そして地球の近日点にあり、アスペクトとして孤立しているかのように見えて、実は強力です。

蟹座の10度という意味としては、明確に感じているが、まだ言語的に説明することの困難なものを明確に表現しようと努力しています。言葉にならないものを表現しようとしている時に、木星のノースノードは、それがうまくいくならば、そのまま社会的に拡張しようとしています。ノースノードであれば、それはまだこれまで言葉にされていなかつたもの、目覚めを促します。

火星はもっぱら個人的な野心と考えてもよいでしょう。それがどのように働くのかを、火星の位置から考えるのです。地球の近日点は最も孤立性が少ないので、火星が走ると多くの人を巻き込みます。

冥王星がこの対抗に来た時に、火星と冥王星の間に太陽が挟まり、太陽の外側の力を持ち込んで、それが火星に点火されます。恐ろしく身近なところに最も遠いものが持ち込まれます。

ジオセントリック占星術ではなく、ヘリオセントリック占星術の惑星にスイッチが入るのはどういう状況か考えるのに一番わかりやすいのは、トランシットの影響、または対人関係の相性です。

山羊座の24度の水星は、仕事や知性だけでなく、ヘリオセントリック占星術においては、「太陽のはじめの分割」として人生の方向性ですから、ここに、将来冥王星が来るのは2020年の秋です。その前の春から夏にかけて、2020年には、火星、木星、冥王星、土星が重なります。

人生の中で最も強力な推進力が関わってくる時期であると思われます。地球にサインの木星が来るのは、2011年8月の終わりです。

これらのヘリオセントリック占星術のトランシット天体が、どこに関わってくるかを考えて、ジオセントリック占星術との切り替え状況を観測していくと、適応（ジオセントリック占星術）と、創造（ヘリオセントリック占星術）との両足歩行の動きがよくわかるはずです。

Case Study

ハウスを導入する

ヘリオセントリック占星術では
特定のサインを1ハウスとして見立てる

ヘリオセントリック占星術のホロスコープには、ハウスがありません。しかし導入できないというわけではないと思います。

そもそもハウスの基本的な理屈は、まずは12サインが普遍的で、多くの人に共有されるアカシック的な記録盤であることを前提にします。その後、個人が生まれた時に、その個人の場所・時間のポイントから、個人の内側に映る12の区分が作られます。これがハウスで、個人の中に小さく復元されたサインだといえるのです。

音楽の調でいえば、特定の音をドにして、そこからあらためて音階を作ります。それと同じく、特定のサインを1番目のものにして、そこから、12個の順番を作るのです。

ヘリオセントリック占星術でハウスを考える場合には、いくつかの方法があると思います。

Maddalena Cecchinato は、それぞれの惑星に対して、アスペクトを作る惑星を、相対的にどこかのハウスにあるものと見立てます。例えば水星が土星とスクエアの時、それが90度であれば土星は水星から見て4ハウスということです。もし270度ならば土星は10ハウスなのです。

ですが、私はハウスが作られた原点に戻ってもよいのではないかと思います。人間が生まれる時に、生命力はあたかも魂であるかのような形で、黄道にあります。地上に受肉する時、黄道は地球の地平線に接触します。母親が用意した肉体にこの黄道上の魂が着床することで、子供は生まれてきます。黄道のどこに自分がいるのかではなく、黄道のすべてに偏在していました。

この時、魂の側としては、大地の肉体の中にストレートに入ることはできません。一度そこで「気絶」としての意識の断絶があります。暗転した後で、肉体の目で世界を見るという、視点の逆転があります。

つまり、気絶前は外から見ていた。しかし、気絶後、肉体の中から外を見ています。外から見ると、いずれ自分となる肉体は、どこかローカルな場所に置かれています。しかし生まれてしまうと、この特定の場所という限られたところから世界を見ています。

ここで大きな存在は小さな存在として再生し、自分を中心に12サインは12ハウスとして再組立てされます。気絶が必要なのは、生まれる前と後では全く意識の形態が違うからです。気絶しない、つまり切れ目のない状態では、生まれてくることそのものが不可能となります。

ヘリオセントリック占星術では月の代わりに水星が役割を担う

ヘリオセントリック占星術では、太陽系としての惑星配置などを考えますが、この構造は、私たちが地球に受肉した時に、地球というサイズの中に縮小的に復元されます。水星から冥王星までの流れは、地球の中に生まれてきた時に、あらためてまた水星から復元されます。

ジオセントリック占星術では、太陽・月・地球という三つのグループが、父・母・子のようにみなされて、存在の基本要素を作り出します。

ヘリオセントリック占星術では、月がなくなりますが、それに少し似た構造として水星が88日という早い公転周期で、少し似た役割を持つようなものではないでしょうか。

太陽・月・地球という三つ組みは振動としては、太陽・地球・月です。高いものは低いものを母体にして、中和的な子供を生み出します。創造の順番としての1-2-3は、振動の順番としては1-3-2なのです。月は地球よりも低いのです。

この理屈では、太陽は、月の役割に似た水星によって光と闇に分割され、その後、金星から始まる惑星群を活動する実体としての子供とするということになるので、水星はすべての惑星の生まれ出る発端だと考えてもよいわけです。

水星は他の惑星よりも闇の中に放り込まれています。惑星は惑星であることに諦めがつくのですが、水星はそれに諦めることができません。だから、自転サイクルがうまく作れないと考えてもよいのではないでしょうか。いつまでも太陽にしがみついていると考えるとよいのです。

ハウスの始まりは地球ポイント 地球から見た惑星の度数で判定

地球に受肉した段階で、太陽系の構造図は、地球というサイズの小さな範囲の中に縮小的に復元されます。相対的なスタート点は地球になります。そのため、ヘリオセントリック占星術のホロスコープでは、ハウスの始まりは地球ポイントにするとよいことになります。ここから、個人としての発祥があるからです。

水星としての人生の選択、迷い、探索の方向は、地球から見て、水星がどの度数にあるのかで判明します。つまり、地球をあたかもアセンダントという気絶・再生ポイントと見立てて、水星がどこのハウスにあるかということです。

この場合重要なのは、太陽から地球へという時に、地球ポイントは生まれてくる理由というものを持っていました。しかし、生まれてくる段階で、それは早々に忘れ去られます。そして地球の内部で、自己探求の水星がスタートします。

ということは、地球ポイントという目的意識の中で、あらためて、水星は目標探索を始めていくのです。地球に生まれた目的が前提にあり、この中で水星は探すのです。

紛らわしいのですが、それは地球へ生まれた目的そのものを忘れているので、当人からすると、まずは水星の探索が重要なのです。

地球に生まれてくる時には、地球に入る目的があった。
地球に生まれた後は、地球の中で生きる目的を水星が示している。

この二重性を考えてください。

地球に受肉する目的よりも、水星の目的は小さなものですが、しかし、地球において太陽系ホロスコープの縮図的再現がされているということは、太陽系においての目的が、地球生活の中で水星に反映されているとみなされます。まるでアセンダントと月を比較しているかのようです。

ジオセントリック占星術とは異なり
ハウスの区分は30度で均等割り

地球ポイントのサインそのものを１ハウスにするか、それとも、地球ポイントのサインとその正確な度数をスタート点にするかは、今のところ、まだ迷うところです。

これもソーラーサインのホロスコープを作る時に、太陽のサインそのものか、それとも太陽の度数をスタートにするか二つの考え方があります。それと同じです。

事例の人物は地球が牡羊座の29.20度ですから、これを１ハウスのスタート点とみなしましょう。ハウスの区分はすべて30度です。ジオセントリック占星術ではたくさんのハウスの計算法がありますが、これらは地球から見た座標の取り方の違いです。ヘリオセントリック占星術にはそれはありません。そのため、均等割りです。

この場合、水星は山羊座の23.61度なので、９ハウスの終わり頃にあります。ですから、人生の根本的な方向性は９ハウス活動で、思想、哲学、執筆、学習、研究、学校などです。サインは山羊座で、土星のサウスノードに近いので、古いものを研究するということになります。

また執筆とかものを書くことが大切ならば、ハウスの常識として、３ハウスも検討してみるとよいです。すると、３ハウスには勢いのよい火星があります。これは蟹座の09.48度で、木星のノースノードに近いです。火星は新素材の発見で、古いものに対する反抗という意味もありますから、まずは、水星は思想として古いソースを発掘し、しかし具体的な表現である３ハウスでは、多くの人に共有されるべき目覚めの作用として、火星で新しく表現しようという話になります。

ハウス間の関係性はヘリオセントリック占星術もジオセントリック占星術と同様に読むことが可能

ハウスが入ると、ホロスコープ読みは急に具体的になります。

例えば、６ハウスに冥王星があるので、それは働きすぎになりやすい状態です。これは９ハウスの水星に対して90度のアスペクトを持っています。すると思想的な９ハウスというのはあまり実用的でありませんから、実用的で現場仕事主義の６ハウスから、方向を曲げられてしまうということが起こります。

本当はこういうことをしたい。しかし仕事として要求されているのは違うこと。

ジオセントリック占星術ではよく６ハウスと９ハウスの対立をこのように読んだりしますが、それらがヘリオセントリック占星術でも同様に読めることになります。

さらにサインの細かい度数まで入れてしまうと、もう少し細かいニュアンスが出てきます。

冥王星は天秤座の数え19度ですから、活動サインの19度は大風呂敷の度数ということで、まだまだマイナーであるが、いずれは世界制覇を狙うような野心的な仕事です。

山羊座の24度にある水星は、果てしない没入の24度であり、これは伝統の深入りです。つまり山羊座的な方向性において、どんどん果てしなさを発揮するのです。

つまり、水星と冥王星のスクエアは、人生の方向としては、伝統的な思想の探求に入り込もうとしているが、仕事としては、まだ評価されていない新興勢力の紹介と支援などをしなくてはならないということです。

水星はメジャーなアスペクトだけでも、四つありますから、バラエティーがあります。仕事としては上記のものが強く働きますが、趣味としては、むしろ趣味の５ハウスの土星とのトラインの方が重要です。

また、密な連絡やパイプとしては、７ハウスの独自性を持つ天王星との60度アスペクトが優勢です。４ハウスの終わりにある獅子座の木星と、150度のアスペクトができているとみなしてもよいのです。すると伝統性と保守性に埋没する水星に対して、派手な演出を意識した使命感の獅子座マインドとの共存を要求されます。古びた遺跡が、派手なライトアップをされなくてはなりません。

ハウスを作った場合、細かく動くトランシット天体の推移も合わせて考えると興味深いので、試しにいろいろと調査してほしいと思います。

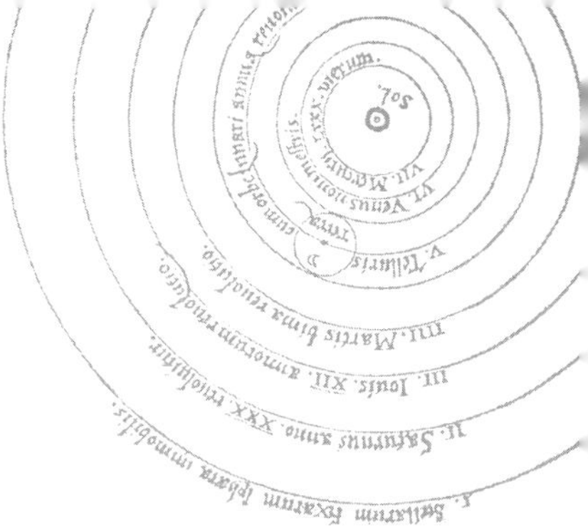

おわりに

最近はいつも占星術の構造の中で、いくつかの意識と進化の段階というものを説明しています。つまり月意識、惑星意識、全惑星意識、太陽意識という段階です。これらはアリストテレスの時代から続くような階層構造なので、とても古いものであり、それを単に占星術ならば、このようになります、というふうに置き換えただけです。

惑星にはいろいろな役割がありますが、これらを全部合わせたものが全惑星で、それは一つひとつの惑星の役割とかアイデンティティーを総合化したものなので、惑星一つに該当する意識が人生の中でしばしば陥る穴のようなものからは脱出しています。横並びのものはたいてい横にあるものと敵対したり、ケンカしたり、不和になります。それらを統合化する、一つ上の中心点があると、それを基準にして調和的に振る舞うことができますが、この上にある中心点が不在になると、急速に、互いがいがみあいを始めます。

惑星一つの価値に埋没すると、その人生を邪魔するのは、他の惑星に他ならないのです。すると人生は本当にままならないという状態になってきます。そこから脱出するには、他の惑星も全部取り込んだ、全惑星意識に入るしかないのです。これはタロットカードの騎士のカードに当たるものです。惑星意識一つは小姓のカードです。

多くの人が占星術で人生相談をします。占いハウスは全国にたくさんあり、相談者はたくさんやってきます。ほとんどの悩み事とか問題というのは、実は、多くの人が全惑星意識に至ることができず、月とか、惑星一つの意識の範囲から拡大できずにいるということから発生します。

生きる基準が限定されていて、他の惑星が時には壁の役割を担ってしまい、壁にぶつかった時に、そこから抜け出すことができないのです。全惑星意識を通常の人間の本来の基準とすると、惑星意識は、それをいくつかに分割した分割魂ということになります。ほとんどの悩み事や問題は、今日の人間が分割魂の段階で生きているということにあります。これは本当に先が見えない人生です。

分割魂の意識状態にあることによって、一人ひとりの相談事が細部に入り込みすぎ、人を理解せず、狭量になり、エゴも濃くて深くなり、さらに、無気力になり、また自分の未来の展望も持てなくなっていくのです。

好きなことが何かわからない。

仕事する気がなくて、どうやって暮らせばよいか。

自分の家族がひどい人で、どうやって改善させる方向に導けるか。

包容力を失い、自分の狭い範囲の中に埋没してしまうと、人生の可能性を活用することができなくなります。

こうした時に、占い相談を受ける人は、相談者が陥った穴から抜け出すことを助けようとすることになるのですが、この相談に乗ることで、相談を受ける側も、占い相談をする人の意識状態を継続することに加担する結果になるということも多いのです。つまり、相談者の価値観を共有する共犯者になってしまうのです。

どんな時でも、何か具体的に解決法があるのではなく、そこから手を離すということが重要です。この分割魂の意識状態に生きているということが、次々と困った事態を作り出すのであって、だからこそ、一つひとつに解決を考えるのではなく、この意識状態そのものから手を放して、もう一つ上にある全惑星意識というものに向かう意思を持つことが、すべてを解決するキーワードになります。

通じていない惑星があると、それは外部的に働きます。そして迷惑をかけられます。世の中は、このすべての惑星が均等に働く場所と考えるとよいです。あらゆる惑星に通じると、地上で悩まされる理由も原因もなくなっていきます。すると、本当の意味で創造的なチャレンジということが可能になってきます。

これを踏まえて、具体的な相談に一緒に入り込むのでなく、むしろ相談された人が、より大きなところに誘導できるとよいのです。ただしそのためには、占いの相談を受ける人が、惑星意識ではなく、全惑星意識の中に生きている必要があります。これは意識の発達段階であり、社会的な地位とは全く別個の話なので、地位があるけど惑星意識の人、無職で何もしていないけど全惑星意識の人などいろいろです。それに特技や能力などともあまり関わらないのです。

また占いの能力とも直結する話ではありません。当たる占いというのが最も重要ではないのです。当たる占いが人に救いをもたらすかというと、それはそんなに貢献するわけではありません。

分割魂を「動物化した現代人」と呼んでいるSF小説家・評論家もいるようです。現代では、この分割魂化あるいは動物化ということが大きな特徴になり、これが多くの人が闇の中で右往左往する理由になっています。

分割魂が持つエゴに加担しないこと。全惑星意識へと誘導する手助けをすること。これは相談事に乗ってくれない冷たい人に見えるかもしれません。お金を払って相談しているのだから、相談した内容に沿って回答してほしいという要求は当たり前ですが、それではなかなか改善されません。誰でも自分がいるところに対して正当化した理由づけをします。そのため、自分が今いるところから移動することに抵抗するのです。

ヘリオセントリック占星術は少なくとも、フォーカスをもっと大きなところに置き、濃くて深い暗闇の中に住むことから、もっと開けたところにシフトすることの手助けになると思います。

私がヘリオセントリック占星術について関心を持ったのは、20年前くらいです。その時には、太陽サインに対して、地球サインを裏のサインとして、雑誌原稿などに書いていましたが、実際にはそれは反対で、むしろ地球サインこそ表のサインだと思います。あまりに長い間、ジオセントリック占星術をしていましたから、これとどう調停をつけようかと考えていましたが、そんなに難しい話ではないことに気がつきました。

私たちは地から生まれたものと天から降りてきたものの配合として生まれています。神道式にいえば、大地から発展した国津神がジオセントリック占星術であり、天から降りてきた天津神がヘリオセントリック占星術なのです。この二つの視点の違いによって、それぞれの惑星の使い方が違っているのです。

ジオセントリック占星術だけの使い方だと、それは神経の使い方も頭の使い方も片方だけ使っているということになり、とてもアンバランスです。そのため、惑星の一つひとつ、全部のジオセントリック占星術とヘリオセントリック占星術を比較しながら考えていくとよいでしょう。

たぶん自己達成感とか内的な満足感としては、ヘリオセントリック占星術で見た惑星の位置で使う場合の方が強烈になるは

mobilis.
oluitur.
reuolutio.
lutio.

ずです。しかしまた無限の存在であった意識が、地球という狭い場所に肉体的に生まれることの死と再生の体験の恐怖というものが、地球サインに感じられることも多いと思います。

スタニスラフ・グロフは、出生時のトラウマ体験を、その人の人生パターンと結びつけましたが、太陽から地球に来る時の意識の断絶と、地球の内部での再生というプロセスには、このグロフの出生トラウマパターンがあるように思います。地球サインとしての生まれてくる目的がある。ところが、それは生まれる段階で、完全にマスクされます。というのもその上に立って自分が成立するからです。それにジオセントリック占星術は自分にしがみついている視点ですが、ヘリオセントリック占星術の地球サインは、一歩退いて余裕を持って自分を見ることをさしています。これらは自分を知る上では大きく役立つことになるでしょう。

本書で引用したPhillip Sedgwickの文は、“The Sun at the Center” からのものです。翻訳は、ここでは名前を出していませんが、ある人に依頼しました。協力感謝しております。また、説話社の高木利幸氏には毎度のことながら、素早い対応でありがとうございます。

著者紹介

松村　潔（まつむら きよし）

1953年生まれ。占星術、タロットカード、絵画分析、禅の十牛図、スーフィのエニアグラム図形などの研究家。タロットカードについては、現代的な応用を考えており、タロットの専門書も多い。参加者がタロットカードをお絵かきするという講座もこれまで30年以上展開してきた。タロットカードは、人の意識を発達させる性質があり、仏教の十牛図の西欧版という姿勢から、活動を展開している。著書に『完全マスター西洋占星術』『魂をもっと自由にするタロットリーディング』『大アルカナで展開するタロットリーディング実践編』『タロット解釈大事典』『みんなで！　アカシックリーディング』『あなたの人生を変えるタロットパスワーク実践マニュアル』『トランシット占星術』『パワースポットがわかる本』『水晶透視ができる本』（いずれも説話社）、『決定版!!　サビアン占星術』（学習研究社）ほか多数。

http://www.tora.ne.jp/

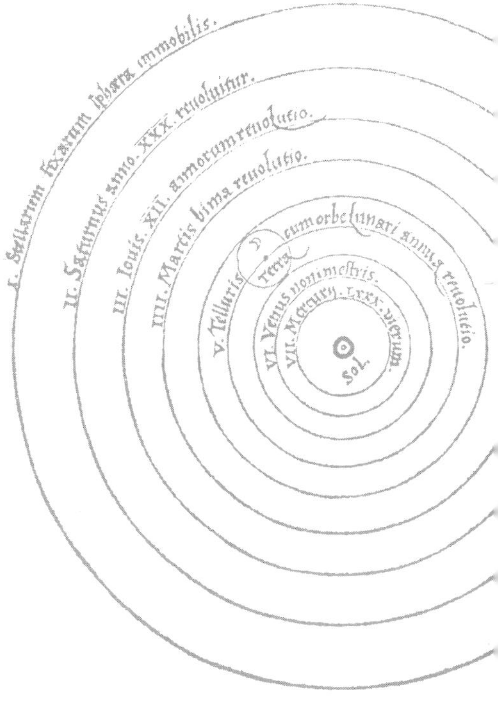

ヘリオセントリック占星術《せんせいじゅつ》

発行日　2011年 9月11日　初版発行
　　　　2023年11月11日　第5刷発行
著　者　松村　潔
発行者　酒井文人
発行所　株式会社 説話社
　　　　〒102-0074　東京都千代田区九段南1-5-6　りそな九段ビル5階
　　　　URL　https://www.setsuwa.co.jp

デザイン　染谷千秋（8th Wonder）
編集担当　高木利幸
印刷・製本　中央精版印刷株式会社

ISBN 978-4-916217-94-3 C 2011

松村潔の本

パワースポットがわかる本

四六判・並製・276頁　定価1,430円（本体1,300円＋税10%）

「パワースポットとは何か？」「どんな場所なのか？」「どこにあるのか？」といった基本的な疑問から「いつ行ったらいいのか？」「何をしたらいいのか？」という実践的な方法までを完全解説。また、著者オススメの36箇所のパワースポットも紹介していますので、本書を片手にパワースポット巡りをするのもよいでしょう。

松村潔の本

水晶透視ができる本

A5判・並製・224頁　定価2,420円（本体2,200円＋税10%）

水晶を用いて、未来や過去、集合記憶、遠くにあるもの、深層心理などさまざまなものを見る「水晶透視」を、わかりやすく説明したテキストブック。水晶透視を始める際の心構えから実践の際の呼吸方法、さらには水晶透視と密接な関係を持つオーラやチャクラまで解説した、実践水晶透視術。